W0215466

Votre
HOROSCOPE
vous a menti !

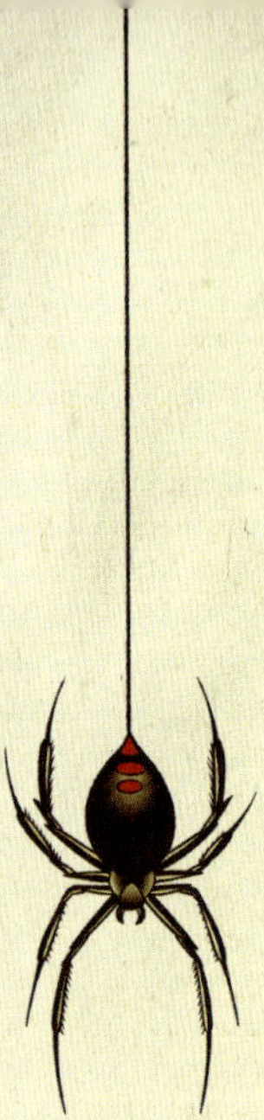

Éditions Eyrolles
61, bd. Saint-Germain
75005 Paris
www.editions-eyrolles.com

Cet ouvrage a été publié pour la première fois en 2024 en Angleterre et aux États-Unis par les éditions David and Charles, une maison de Quarto Publishing plc, sous le titre *Stuff Your Astrologer Should Have Told You.*

Mise en page : STDI
Correction/relecture : Doriane Giuili et Caroline Puleo
Traduit de l'anglais par Laura Ancé

Depuis 1925, les éditions Eyrolles s'engagent en proposant des livres pour comprendre le monde, transmettre les savoirs et cultiver ses passions ! Pour continuer à accompagner toutes les générations à venir, nous travaillons de manière responsable, dans le respect de l'environnement. Nos imprimeurs sont ainsi choisis avec la plus grande attention, afin que nos ouvrages soient imprimés sur du papier issu de forêts gérées durablement. Nous veillons également à limiter le transport en privilégiant des imprimeurs locaux. Ainsi, 89 % de nos impressions se font en Europe, dont plus de la moitié en France.

En application de la loi du 11 mars 1957, il est interdit de reproduire intégralement ou partiellement le présent ouvrage, sur quelque support que ce soit, sans l'autorisation de l'éditeur ou du Centre français d'exploitation du droit de copie, 18, rue du 4-Septembre, 75002 Paris.

© Quarto Publishing plc 2024
© Éditions Eyrolles, 2025, pour la présente édition
ISBN : 978-2-416-01601-1

Imprimé en Chine
Dépôt légal : mars 2025

Votre HOROSCOPE vous a menti !

Les pires manies de chaque signe astrologique enfin dévoilées

Éditions EYROLLES

Sommaire

Qui est Alise ?	6
Introduction	8
Bélier *21 mars – 19 avril*	14
Taureau *20 avril – 20 mai*	26
Gémeaux *21 mai – 20 juin*	38
Cancer *21 juin – 22 juillet*	50
Lion *23 juillet – 22 août*	62
Vierge *23 août – 22 septembre*	74
Balance *23 septembre – 22 octobre*	86
Scorpion *23 octobre – 21 novembre*	98
Sagittaire *22 novembre – 21 décembre*	110
Capricorne *22 décembre – 19 janvier*	122
Verseau *20 janvier – 18 février*	134
Poissons *19 février – 20 mars*	146
Index	158
Crédits et remerciements	160

Qui est Alise ?

Quand je n'ai pas la tête dans les étoiles, je suis comédienne. Je vis à Brooklyn, New York, et on me connaît surtout pour mon travail d'écriture dans la Betches Sup Newsletter et mon podcast pour Headgum, Go Touch Grass, dans lequel je parle de l'actualité en ligne avec ma chère amie et collaboratrice Milly Tamarez. J'ai débuté dans la comédie il y a dix ans, quand j'ai emménagé à New York suite à un coup de foudre pour l'impro à la fac. À partir de là, j'ai gravi les échelons au théâtre Upright Citizens Brigade jusqu'à finalement rejoindre un de leurs groupes d'impro, où j'ai passé plusieurs années merveilleuses.

En parallèle, j'ai travaillé sur mes performances de stand-up et ma carrière solo, ce qui a conduit à mon spectacle original à guichets fermés « The Roast of Your Teenage Self » (que l'on pourrait traduire par « Viens taquiner l'ado en toi »), qui a fait le tour des États-Unis et se joue tous les ans au New York Comedy Festival. C'est ce qui a contribué à développer mon amour de la moquerie bien intentionnée, et qui a finalement donné ce livre. Je crois sincèrement que prendre le temps de rire de soi et de nos failles est essentiel pour les surmonter et avancer dans la vie.

Pour être honnête, écrire le chapitre Taureau de ce livre m'a aidé à sortir de mes mauvaises habitudes et me débarrasser d'un travail qui me pesait plus qu'autre chose. Rire de moi-même m'a beaucoup servi.

En plus de ma carrière sur les planches, je suis aussi actrice de cinéma et de télévision : vous m'avez peut-être vue dans *Difficult People* sur Hulu, *The Marvelous Mrs. Maisel* ou *Tooning Out The News* de Stephen Colbert. Comme la longueur de cette bio l'indique peut-être, j'écris aussi, notamment pour Betches, Reductress, PureWow, Jezebel et l'anthologie humoristique *Notes From The Bathroom Line*. Mon livre d'énigmes pour adultes, *Hello, I'm a F****** Puzzle Genius*, est paru en 2020 et mon premier livre d'astrologie, *Mon Guide Astro*, est paru en 2023. J'ai commencé mon parcours en astrologie en écrivant les horoscopes hebdomadaires pour Betches, puis leur newsletter astro hebdomadaire, *Blame It On Retrograde*.

La passerelle de comédienne et actrice à astrologue n'est pas la plus évidente, mais je me suis beaucoup amusée. Comme beaucoup de mes pairs (je suis une fière milléniale), je me suis intéressée à l'astrologie il y a quelques années pour me distraire des aspects stressants de ma vie. Plutôt que de voir mon thème astral, signe astro ou horoscope comme une notice à suivre à la lettre, je les considère plutôt comme un prisme intéressant à travers lequel voir le monde. En étudiant mon signe astro (Taureau, en l'occurrence) ou mon thème astral, j'ai découvert que ce que j'analyse vraiment, c'est mon identité, le futur que je veux bâtir et les valeurs qui me tiennent à cœur.

Et puis, c'est amusant ! Malgré ce que je raconte dans ce livre sur mon signe ennuyeux à mourir, j'adore m'amuser. J'espère que tu prendras autant de plaisir à te faire chambrer dans ce livre que j'en ai pris à l'écrire. Maintenant, si tu veux bien m'excuser, je dois retourner travailler. Après tout, je suis Taureau.

Alise

Introduction

Bienvenue, astronome en herbe

Si tu lis ces lignes, il y a fort à parier que tu penses que ça te ferait du bien de descendre de ton petit nuage. Ou alors, l'idée que quelqu'un puisse trouver quelque chose à redire sur toi te semble tout bonnement impensable (tu es Lion, non ?). Dans tous les cas, tu trouveras ici ce que tu cherches.

Tu ne trouveras pas une analyse typique du zodiaque, qui liste souvent les meilleurs côtés de chaque signe. On en a marre de ça. Dans ce livre, tu apprendras les pires vices de chaque signe, des colériques aux snobs égocentriques en passant par les sociopathes mégalos qui se définissent comme des « esprits libres », et tu découvriras la sombre vérité sur les failles de chacun. Ça ne fait pas toujours plaisir, mais tout le monde en prend pour son grade.

Chaque signe aura son chapitre dédié, en commençant par un panorama des faiblesses et des pires aspects de chacun, puis une analyse plus précise des écueils potentiels au travail, à la maison, en voyage, et bien sûr, en amour. Ton signe te prédestine-t-il à être allergique à l'engagement et à briser des cœurs à force d'enchaîner les histoires sans lendemain ? Ou plutôt à s'accrocher comme une moule obstinée et à perdre des heures, voire des années de vie avec la mauvaise personne, juste parce que tu es incapable d'envisager la rupture ? Fonce le découvrir dans le chapitre de ton signe.

Chaque section contient aussi une liste de cinq personnalités notoires qui représentent bien l'esprit néfaste de chaque signe. Il nous faut bien des modèles, après tout. Tu trouveras également des informations sur les signes lunaires et les ascendants, car malgré ce que peuvent dire les grands noms de l'astrologie classique, les signes peuvent chambouler ta vie quelle que soit leur position dans ton thème. Chaque chapitre se termine par le détail des signes charnières (ou cuspides), les petits voyous nés à limite entre deux signes et qui se retrouvent avec les pires traits des deux.

Avant de commencer, voici une définition bien utile de certains concepts clés pour les astronomes en herbe. Si tu veux prendre des notes, Taureau, on sait tous que tu es un peu lent.

CONCEPTS CLÉS

Les planètes maîtresses

Chaque signe du zodiaque a une planète maîtresse qui influence sa personnalité. Ses mouvements à travers le cosmos impactent fortement les interactions du signe avec le reste du monde. Tu trouveras ci-dessous un récapitulatif des planètes maîtresses et des signes à leur service.

Mercure

Mercure domine les Gémeaux et les Vierge et représente la communication, la versatilité, la réflexion et la raison. Puisque Mercure tourne autour de la pensée et de l'intellect, ses partisans accordent beaucoup d'importance à l'esprit et n'hésitent pas à se faire entendre. (Traduction : ils peuvent blesser les autres sans même s'en rendre compte.)

Vénus

Vénus est la planète de la beauté et de l'amour, dont les Taureau et Balance sont les serviteurs. Si « beauté et amour » sonne bien en théorie, l'influence de Vénus provoque souvent en pratique l'obsession de ses larbins pour ces deux concepts. Ces signes passent leur existence entière en quête de romantisme, de confort et de beauté physique, alors que tout n'est qu'illusoire. Pour résumer, ce sont d'excellents influenceurs.

Mars

Mars dirige les Bélier et symbolise la détermination, le désir, la passion et l'agressivité. Cette planète tire son nom du dieu romain de la Guerre, c'est donc sans surprise que son influence se révèle combative, survivaliste et un peu animale. Fidèle à son image, cette planète peut pousser n'importe qui à voir rouge.

Jupiter

Jupiter gouverne les Sagittaire : il est complètement dans l'excès et en expansion constante (c'est après tout la plus grosse planète du système solaire). Ce glouton gargantuesque est obsédé par l'idée de profiter de la vie, d'avoir toujours plus et d'aller toujours plus loin. Il va sans dire que lorsque Jupiter est au volant, il faut faire attention à son porte-monnaie.

Saturne

Saturne commande les Capricorne et tous les autres avec une poigne de fer. C'est le père réprobateur du zodiaque, à cheval sur les règles, les normes et la rigueur. Il représente la structure et ne tolère aucun pas de travers. Interdit de s'amuser, retourne bosser !

Uranus
Uranus l'excentrique flotte un peu de travers dans le système solaire et il adore tout chambouler. En astrologie moderne, il guide les Verseau rebelles (lorsqu'ils se laissent faire) et symbolise la liberté, le changement et la révolte. Il faut savoir que lorsque Uranus apparaît dans le ciel, des événements étranges se produisent.

Neptune
Neptune règne sur les Poissons et incarne l'idéalisme et les domaines du rêve et de l'art. Il enveloppe tout d'un voile brumeux qui n'aide pas à discerner les mensonges de la vérité ou les rêves de la réalité. Tu crois pouvoir être productif quand Neptune est aux commandes ? Impossible.

Pluton
Eh oui, l'astrologie moderne considère toujours Pluton comme une planète (déso les scientifiques !), et celle-ci illustre la transformation, la destruction, la mort et la renaissance. Elle supervise les Scorpion et se trouve être responsable de la nature intense et un peu sombre de ce signe. Ce n'est pas de leur faute, c'est leur planète qui les rend comme ça.

Le Soleil
En astrologie, le Soleil représente l'ego, la vitalité et le moi, c'est donc sans surprise qu'il est à la tête des Lion. Il se considère comme le centre de l'univers car… c'est plutôt le cas. Difficile de le contester.

La Lune
La Lune symbolise le moi et le pouvoir émotionnel, elle se concentre sur la vie intérieure et la profondeur. Elle pilote les Cancer, ce qui les rend particulièrement susceptibles aux émotions changeantes, au pessimisme et à la désolation. Si tu pleures toujours au cinéma, c'est probablement à cause de la Lune.

Les éléments

Chacun des douze signes du zodiaque correspond à l'un des quatre éléments : terre, eau, feu et air. Ton élément affecte ta personnalité et la manière dont tu perçois le monde autour de toi. Les signes d'un même élément voient souvent les choses de la même manière, tandis que les signes d'éléments opposés auront du mal à se comprendre.

Terre

Les signes de terre sont bien ancrés au sol et accordent beaucoup d'importance aux sensations physiques. Ils ne croient pas à ce qu'ils ne voient pas et peuvent donc se montrer obstinés et inflexibles dans leurs convictions.

Eau

Les signes d'eau sont guidés par leurs émotions et évaluent leurs expériences en fonction de ce qu'ils ressentent. À l'image de l'océan, ils cherchent de la profondeur dans leurs relations et sont sensibles à l'extrême. Le moindre bouleversement peut les mettre sens dessus dessous pendant des jours.

Feu

Les signes de feu sont motivés par l'action et font confiance à leur instinct. Ils ont besoin de bouger et ne supportent pas de rester en place. Ce sont des signes captivants et sympas à fréquenter, mais ils peuvent avoir tendance à drainer l'énergie des autres.

Air

Les signes d'air sont des intellectuels qui tiennent les idées et l'esprit en haute estime. Ils adorent les conversations de qualité mais disparaissent dès que sentiments ou émotions pointent le bout de leur nez. Ils paraissent parfois inaccessibles à cause de leurs grandes aspirations et leur attitude quelquefois déconnectée.

Les modalités

On peut également catégoriser chacun des signes en trois modalités, qui impactent leur réaction face au changement. Certains en ont autant besoin que de respirer, d'autres préfèrent rester plantés toute leur vie au même endroit plutôt que de risquer le moindre dérangement dans leur routine.

Fixe

Taureau *Lion* *Scorpion* *Verseau*

Les signes fixes sont, comme leur nom l'indique, fixes. Ils privilégient la stabilité par-dessus tout et sont difficiles à persuader d'accepter de nouvelles idées ou manières de faire. Ces signes sont bornés, très fiables et assez frustrants.

Cardinal

Bélier *Cancer* *Balance* *Capricorne*

Les signes cardinaux accueillent le changement tant que ça sert à quelque chose. Ils sont dans l'action et aiment être à l'origine des mutations, surtout s'ils en bénéficient d'une manière ou d'une autre. Accepter le changement initié par les autres, c'est une tout autre histoire…

Mutable

Gémeaux *Vierge* *Sagittaire* *Poissons*

Les signes mutables ne supportent pas de stagner et s'épanouissent dans la transformation, à petite comme à grande échelle. Tandis que la Vierge enchaîne les petits ajustements dans l'espoir d'atteindre la perfection, les Gémeaux préfèrent les grands bouleversements qui redistribuent les cartes. Dans tous les cas, impossible de savoir à l'avance à quelle sauce on va être mangé.

Signe opposé

Le zodiaque est représenté par une roue dans laquelle chaque signe a son opposé. Si les signes opposés ont tendance à faire les choses très différemment, ils sont aussi très souvent complémentaires et peuvent faire une excellente équipe. À ne pas confondre avec « l'ennemi mortel » de ton signe, qui sera quelqu'un avec qui il sera très difficile de t'entendre, même à court terme.

Le *Big* 3

En astrologie, le *Big* 3 fait allusion aux trois éléments majeurs du thème astral : le signe solaire, le signe lunaire et l'ascendant. Le signe solaire est lié à l'identité, c'est à cela qu'on fait référence quand on nous demande notre signe astrologique. Néanmoins, le signe lunaire et l'ascendant ont aussi leur mot à dire dans la personnalité, pour le meilleur comme pour le pire.

Signe lunaire
Ton signe lunaire symbolise ta vie intérieure, il guide tes sentiments, tes émotions et ton identité interne. En gros, c'est la partie de toi que toi seul·e connais et que tu montres rarement à tout le monde.

Ascendant
En parallèle, ton ascendant traduit plutôt la façon dont les autres te perçoivent et ton identité en société. Il peut en dire long sur la manière dont tu te présentes au monde.

Vénus
Tu trouveras également dans ce livre des informations sur ton signe de Vénus, qui a trait à ta manière d'être dans ta vie amoureuse. Si la description de ton comportement en amour par ton signe solaire ne sonne pas tout à fait juste, c'est probablement parce que ton signe de Vénus vient y mettre son grain de sel.

Coucou, Bélier...

Bienvenue en enfer, Bélier. La température est à ton goût ? On est un peu surpris qu'une personne au sang aussi chaud que le tien se prête au jeu de la taquinerie, mais en même temps, tu es tellement arrogant que tu penses peut-être qu'on n'aura rien de méchant à dire. Comme d'habitude, tu as complètement tort (mais tu ne l'admettras jamais). Vaniteux, insensible et impatient, tu es le bambin capricieux du zodiaque. Vois le bon côté des choses, au moins tu as la médaille d'or en quelque chose : colère, jalousie et agressivité. Ta nature compétitive devrait adorer.

5 BÉLIER CÉLÈBRES

Les Bélier adorent se la raconter, tu les as sûrement entendus se vanter de leurs liens de parenté avec Aretha Franklin ou Céline Dion, mais ces personnalités tristement connues leur correspondent mieux :

1 **Giacomo Casanova (2 avril 1725)**
Coureur de jupons notoire qui fanfaronnait sur ses 100 conquêtes, hommes et femmes, à travers toute l'Europe. Il s'est aussi échappé de prison pour Halloween en 1756.

2 **Clyde Barrow (24 mars 1909)**
Braqueur de banques, meurtrier et hors-la-loi durant la Grande Dépression, plus connu pour son appartenance au duo sinistrement célèbre, Bonnie et Clyde.

3 **Lucrezia Borgia (18 avril 1480)**
Femme fatale et fille du pape Alexandre VI, Lucrezia a été accusée d'adultère, de séduction et d'empoisonnement. Elle a inspiré de nombreuses œuvres d'art.

4 **Butch Cassidy (13 avril 1866)**
Braqueur de trains et de banques et chef du « Wild Bunch » de l'Ouest sauvage américain. Sa vie a été immortalisée dans le film *Butch Cassidy et le Kid* en 1969, récompensé par quatre Oscars.

5 **Vincent van Gogh (30 mars 1853)**
Peintre reconnu à titre posthume notamment pour *La Nuit Étoilée*. Son autoportrait dépeint son état après avoir coupé son oreille dans une crise de rage.

DATES DE NAISSANCE
21 mars – 19 avril

SYMBOLE
Un bélier

PLANÈTE MAÎTRESSE
Mars

ÉLÉMENT
Feu

MODALITÉ
Cardinal

SIGNE OPPOSÉ
Balance

ENNEMI MORTEL
Taureau

BÊTE NOIRE
Les gens passifs-agressifs, ceux qui marchent lentement, arriver deuxième, devoir attendre

Le Bélier en trois mots

Les astrologues sympas te diront que tu transpires la confiance en toi, la passion et le sens du leadership. Mais on n'est pas sympa, donc on te le dit sans détour : tu n'as pas confiance en toi, tu es égocentrique. Tu n'es pas passionné, tu es colérique. On ne peut pas dire que tu sois bon leader, sauf si ça compte de marcher sur les autres pour arriver au sommet par esprit de compétition.

Il y aurait plus à dire, mais tu as déjà probablement épuisé ta patience. C'est bien que tu ouvres un livre, cependant, d'habitude la force surpasse de loin l'intelligence. Demande à tes amis, ceux qui supportent tes diatribes hystériques et brouillonnes. Ils savent que quand ils t'invitent à sortir, ça va se finir en baston sûrement, avec quelqu'un qui aura osé te battre au billard. C'est déjà un miracle qu'ils continuent de t'inviter, mais ils craignent sans doute la crise de nerfs que tu piquerais en apprenant qu'ils se voient sans toi.

La taquinerie va trop loin, Bélier ? Prends donc un moment pour te calmer avant de poursuivre ta lecture. Ou va frapper dans un énième mur, c'est comme tu veux.

TÊTE BRÛLÉE

D'aucuns diraient que tu pètes facilement les plombs, c'est plutôt que tu n'as pas de plomb (dans la tête) du tout. Les Bélier sont les Incroyables Hulk du zodiaque ; leur colère ne fait pas du bien. Le moindre affront peut te faire passer du calme incarné à une rage monstrueuse en l'espace d'un instant. Tu passes ton temps à jouer des cornes avec tout et tout le monde, mais tu t'éclipses avant d'affronter les conséquences. Une fois revenu à la raison, tu fais comme si de rien n'était ; tes victimes, en revanche, n'ont pas ce luxe.

ARROGANT

La pop star Demi Lovato a dit un jour : « Qu'est-ce qu'il y a de mal à avoir confiance en soi ? » Elle n'a vraisemblablement jamais rencontré de Bélier. Ce qui peut sembler être de la confiance en soi à première vue n'est en fait que de l'orgueil. Tu incarnes le narcissisme à la perfection, et tu n'es capable de voir le monde que de ton point de vue. Tu es insensible et peu prévenant, prêt à passer ta vie à foncer vers tes objectifs sans la moindre pensée pour les gens que tu blesses dans ta course. Et même si tu t'en rendais compte, tu t'en ficherais probablement. Les Bélier sont le centre du monde et nous autres devons simplement subir. Si on ne peut pas tenir la distance, mieux vaut s'écarter de leur chemin.

COMPÉTITIF

Les Bélier sont le premier signe du zodiaque, et en ce qui les concerne, ils devraient être les premiers partout ailleurs. Tu as le don de tout tourner en compétition, et tu ne reculeras devant rien pour gagner. Quand tu y arrives, on a le malheur de t'entendre fanfaronner pendant des années. Si tu perds… Mieux vaut ne pas y penser. Il suffit de demander à tes frères et sœurs pourquoi les mots « soirées jeux en famille » les ont traumatisés à vie. Ton signe fait que tu ne lâches jamais l'affaire et tu ne sais pas admettre quand tu as tort, même avec la preuve sous le nez. Pas étonnant que le Bélier fasse d'excellents politiciens.

Position du Bélier

Si tu vois le Bélier quelque part dans ton thème astral, ça sent le roussi. Ce signe dominé par Mars trouve toujours le moyen d'écraser quiconque entre en contact avec lui. Dire que tu pensais que c'était ton signe solaire le problème…

LUNE EN BÉLIER

Ton signe lunaire représente ton subconscient, aussi, si ta lune est en Bélier, cela illustre son impatience, inconstance et impulsivité. Si tu te demandes pourquoi tu n'arrives pas à rester tranquille pour méditer ou pourquoi tu passes des heures à jouer des conflits imaginaires dans ta tête, ne cherche pas plus loin. Pas étonnant qu'il te soit difficile de rester plongé dans tes pensées : elles sont insupportables.

ASCENDANT BÉLIER

Ton ascendant symbolise la manière dont le monde te perçoit. Malheureusement, on doit t'annoncer que ton ascendant Bélier signifie qu'on te voit comme une personne extravertie, agressive, insistante et qui part au quart de tour. Ça explique pourquoi tant d'invitations ont été perdues par La Poste… Personne ne veut de quelqu'un de si imprévisible à son anniversaire, surtout si tu risques d'en venir aux mains.

VÉNUS EN BÉLIER

Ce n'est pas parce que ton signe solaire n'est pas Bélier que tu es à l'abri : avec Vénus en Bélier, tu es le queutard attitré du zodiaque. Tu t'épanouis dans les relations riches en conflits, quoique « relations » soit un mot un peu fort. Tu es farouchement indépendant et éviteras de te poser jusqu'à la mort, tu préfères jouer sur tous les tableaux plutôt que de risquer de perdre la partie. Tu multiplies les matchs sur les applis mais disparais au moment de se rencontrer pour de vrai. On espère que tu as de bonnes lunettes, avec tous ces gens que tu laisses en « vu ».

Le Bélier en amour

La devise du Bélier en amour, c'est : « On ne sait jamais de quoi demain sera fait. » Ce signe piloté par la passion adore chasser et reste rarement intéressé sur le long terme. Il suffit de plonger dans son historique amoureux pour déterrer les nombreux cœurs qu'il a brisés et les rancœurs dont il est l'objet. Non pas qu'il en fasse grand cas, il est déjà passé à sa prochaine proie – pardon, sa prochaine âme sœur.

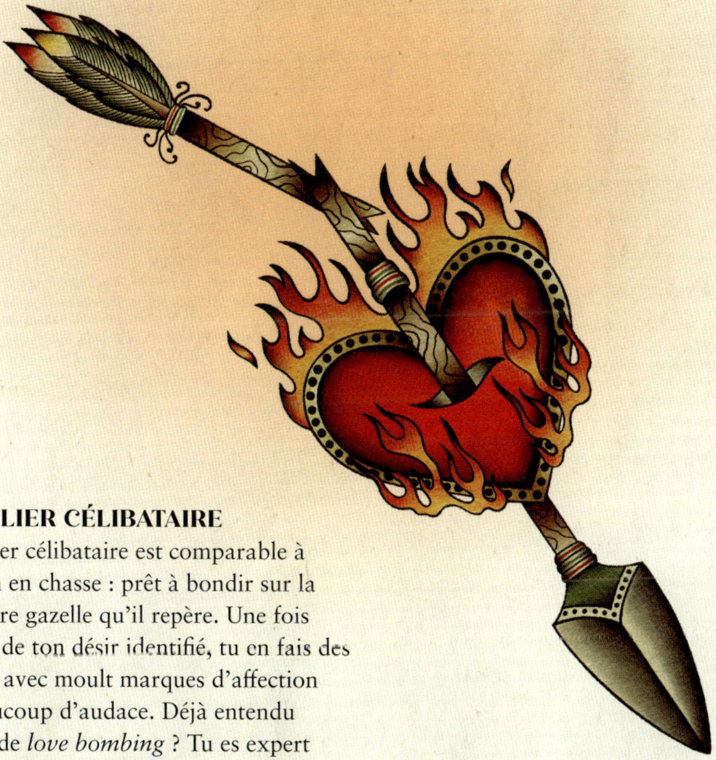

LE BÉLIER CÉLIBATAIRE

Le Bélier célibataire est comparable à un lion en chasse : prêt à bondir sur la première gazelle qu'il repère. Une fois l'objet de ton désir identifié, tu en fais des caisses avec moult marques d'affection et beaucoup d'audace. Déjà entendu parler de *love bombing* ? Tu es expert en la matière. Tu es très à l'aise dans les débuts balbutiants d'une relation et tu redoutes l'engagement. Ta mentalité de coureur de jupons se prête bien à une série de relations passionnées mais éphémères, qui périssent au moment où l'autre commence à parler de sentiments.

Le comble, c'est que bien que tu ne cherches rien de sérieux, tu supportes très mal le rejet. En ce qui te concerne, c'est toi qui devrais éconduire, et en général peu après que le mot en A soit prononcé pour la première fois.

LE BÉLIER EN COUPLE

Si tu crois avoir réussi à gagner le cœur d'un Bélier, mieux vaut t'en assurer… C'est un signe aux yeux baladeurs plus attiré par les potentielles conquêtes que par un futur durable et monogame. Carrément hypocrite, il est incroyablement jaloux et ne s'est certainement engagé auprès de son ou sa partenaire que pour s'assurer que personne d'autre ne prenne sa place. Il est impulsif, n'hésite pas à fouiller le téléphone de sa moitié et est susceptible de s'énerver si on lui témoigne de l'intérêt (ou la plus basique des gentillesses). À cause de ça, les relations du Bélier sont généralement chaotiques, dramatiques et se terminent souvent mal. Le rêve de tout avocat spécialisé en divorce, en somme.

Les plus compatibles

Bélier + Gémeaux

Ce duo est rendu explosif par son mélange de feu et d'air. Les éternelles versatilité et adaptabilité du Gémeaux assurent au Bélier de ne jamais s'ennuyer, tandis que le feu du Bélier sera toujours entretenu par l'énergie et le flot d'idées de sa moitié Gémeaux. Heureusement, le Gémeaux adore l'esprit dramatique du Bélier et ne prend pas leurs disputes trop au sérieux, au contraire, ça a tendance à l'amuser. Ils feraient d'excellents partenaires de téléréalité.

Les moins compatibles

Bélier + Bélier

Le couple le plus infernal qui soit. L'esprit compétitif des Bélier a déjà été mentionné, mais lorsque deux Bélier se mettent ensemble, ils ne peuvent pas s'empêcher d'entrer en rivalité pour tout et n'importe quoi. Aucun des deux n'admettra qu'il a tort dans une dispute et ces conflits explosifs mènent inévitablement à ces réconciliations tout aussi explosives, au plus grand dam des voisins, qui n'en peuvent plus de ces murs trop fins. Un couple Bélier/Bélier peut durer toute la vie, dans la mesure où ils sont coincés dans une spirale toxique de séparations (bruyantes et publiques de préférence) et de retrouvailles euphoriques. Ils illustrent bien le fait que ce n'est pas parce qu'une relation peut durer qu'elle le devrait.

Bélier + Vierge

Dans leur cas, les contraires s'attirent… puis se repoussent violemment. Ici, la colère explosive se heurte à la rage silencieuse ; le Bélier vit passionnément dans le présent, la Vierge prend son temps, préfère construire des fondations solides et privilégie la stabilité et la régularité aux décisions spontanées et aux coups de tête. Malheureusement, les coups de tête, c'est justement toute la personnalité des Bélier. Le degré de patience nécessaire pour séduire une Vierge rendrait fou n'importe quel Bélier, et plus il joue des cornes pour la conquérir avec ses déclarations enflammées et grands gestes romantiques, plus elle se renferme. Finalement, ils feraient bien de rester amis, ou encore mieux : meilleurs ennemis.

Bélier + Cancer

Le Bélier et le Cancer ont autant en commun que l'eau et le feu. Le Bélier insensible sera constamment en conflit avec le Cancer émotionnel, qui prend tout très à cœur, mais c'est le problème de la confiance qui les séparera pour de bon. Le Cancer ne supportera pas les yeux baladeurs du Bélier, qui de son côté ne comprendra pas pourquoi il faudrait se priver. Le besoin du Cancer de parler de ses sentiments refroidira la passion du Bélier et quand ce dernier voudra passer à autre chose, le Cancer insistera pour rester et gérer la situation. En résumé, mieux vaut voir la réalité en face et suivre des chemins séparés.

LE BÉLIER AU TRAVAIL

Une minute de silence pour tes collègues, Bélier, parce qu'on n'aimerait pas être à leur place. Tu ne sais pas trop pourquoi tu enchaînes les conflits, après tout, tout ce que les autres ont à faire, c'est de dire « amen » à tout ce que tu dis, t'inonder de compliments et ne jamais se plaindre. Tu t'entends beaucoup mieux (ou tu fayotes beaucoup) avec tes supérieurs, ce qui masque plus ou moins habilement tes plans secrets pour voler leur poste. Malheureusement, tes projets tombent souvent à l'eau. Tes collègues savent qu'ils ne peuvent pas te demander de l'aide ou te faire confiance, tu es du genre à voler leurs idées et à les présenter à la direction comme si c'étaient les tiennes. Pire, tu ne vois pas le problème à parler fort dans l'*open space*, à mettre du poisson au micro-ondes et à partir au quart de tour à la moindre critique.

LE BÉLIER EN FAMILLE

Personne ne sait gérer ta nature compétitive et explosive mieux que ta famille. Tu ne peux pas finir un repas de famille sans te brouiller avec quelqu'un, et tu ne peux certainement pas finir un Monopoly sans envoyer valser le plateau. Le pire c'est que, quand tu gagnes, tu jubiles pendant des jours. Tes frères, sœurs, cousins et autres pairs savent que ce n'est pas la peine de parler de leurs exploits à mamie en ta présence : tu trouveras le moyen de détourner la conversation et de vanter tes propres prouesses, réelles ou imaginaires. Tes relations avec tes parents sont tout aussi tendues, car le Bélier a un problème légendaire avec l'autorité. Tu n'obéis à personne, même pas à ton tuteur légal. Tu as probablement un complexe paternel puisque tu es maladivement déterminé à surpasser le père tout en cherchant désespérément son attention et son admiration. Même dans la série *Succession*, ils n'ont pas autant de problèmes.

LE BÉLIER À LA MAISON

Une tornade serait-elle passée par là ? La maison du Bélier se distingue par son désordre constant : tu emportes tout sur ton passage et tu ne ranges jamais rien. Il y a des vêtements par terre, des verres d'eau à moitié pleins sur la table (sans sous-verre bien sûr, donc ça laisse des traces), bref, le chaos règne. En conséquence, tu perds toujours tout : tes clés, tes lunettes, ton portefeuille, jusqu'à piquer des crises et frapper dans les murs. Tu as probablement ton serrurier attitré. Tes éventuels colocataires savent qu'il vaut mieux éviter de te demander de faire la vaisselle ou de ramasser tes affaires, à moins de vouloir déclencher la Troisième Guerre mondiale. Ou la Sixième ? Bref, le Bélier vit mieux seul. Tu adores commencer des projets DIY mais tu ne les finis jamais, donc les étagères à moitié montées s'entassent et les murs peints à l'arrache te rappellent à l'ordre tous les matins. Tu ne vois pas le problème, mais tes invités (du jour ou de la nuit…) seront horrifiés par l'état des lieux. Il vaut mieux aller à l'hôtel.

LE BÉLIER EN VOYAGE

Tu vois ces gens qui bloquent la file à l'aéroport pendant des heures parce qu'ils n'ont ni sorti leur carte d'identité ou leur ordinateur de leur sac, ni vidé leurs poches de leur contenu bizarre, ni trié les liquides dans leur bagage à main ? Forcément un Bélier. Tu es allergique à l'organisation, tout est fait à la dernière minute, même en voyage. Tu te précipites pour partir avec un sac rempli de tout et n'importe quoi roulé en boule la veille, et tu as forcément oublié quelque chose. Pire encore, ton manque de préparation devient le problème de tout le monde et tu n'hésites pas à te battre avec l'agent de sécurité parce que l'avion menace de partir sans toi. Une fois à destination, tu prends le contrôle des activités de groupe sans faire de compromis sur les visites, la nourriture ou l'heure de retour à l'hôtel. Le touriste qui se pointe à l'étranger en attendant que les locaux parlent sa langue, acceptent sa monnaie et cèdent à ses caprices, c'est toi. Tu es à deux doigts de faire le tour d'Internet avec une vidéo virale de crise de nerfs à l'aéroport.

Les deux côtés du Bélier

Le Bélier est considéré comme l'un des signes les plus masculins du zodiaque (d'où les accès de rage alimentés par la testostérone…) mais tous les Bélier ont à la fois un côté obscur féminin et masculin. Qu'importe l'identité de genre, le type de Bélier que tu croises dépendra souvent de quel pied ils se sont levés ce matin-là. Voilà ci-dessous les deux Bélier différents (mais toujours inexplicablement en colère) que tu peux rencontrer à tout moment, quoiqu'on ne soit jamais à l'abri d'un terrible mélange des deux.

BÉLIER EN « *DARK MASCULINE* »

Quand un Bélier se situe du côté obscur masculin, il est obstiné, impulsif, insensible et physiquement agressif. Facile de le repérer : s'il a l'air de partir au quart de tour et de chercher la bagarre, son énergie est masculine et il vaut mieux le laisser tranquille ce jour-là. Sauf si tu veux te retrouver avec un œil au beurre noir.

BÉLIER EN « *DARK FEMININE* »

Si un Bélier se connecte à son côté obscur féminin, il devient égocentrique, hyper-compétitif, peu fiable et destructeur. Il ne peut alors se satisfaire de rien d'autre que de l'attention totale des autres, surtout dans un contexte romantique. Ce serait mieux de l'éviter aussi dans ces moments-là, mais plus tu vas le fuir, plus il va te suivre. Il vaut mieux céder et chanter les louanges qu'il désire tant, tu pourras passer plus vite à autre chose.

Cuspide Bélier

FRONTIÈRE BÉLIER – TAUREAU
(17 AVRIL – 23 AVRIL)

Colérique *et* ennuyeux ? Quel bon parti… Comme la plupart des signes charnières, ton signe astrologique domine ta personnalité (le Bélier en toi ne se laisserait pas faire de toute manière) mais le Taureau parvient tout de même à t'atteindre. Cela signifie que malgré la miette de l'éthique de travail du Taureau que tu possèdes, tu t'ennuies quand même facilement et tu abandonnes les projets au premier obstacle venu ou dès qu'il y a un peu de résistance. Insistant, borné et autoritaire, tu as tout le feu du Bélier à ta disposition mais tu ne fais pas d'étincelles. C'est vraiment le pire des deux mondes.

Coucou, Taureau...

Pour quelqu'un d'aussi matérialiste, ce que tu peux être rasoir. Prends une seconde pour imprimer ce que tu lis, tu n'es pas connu pour ton esprit brillant. Tu carbures à la rancœur et tu adores l'argent ; tu prouves que Taureau et tyran ne font qu'un, tout en étant ennuyeux et commun. Certains te disent fiable, mais c'est une gentille manière de dire que tu es prisonnier de ta routine, et tu ne peux t'en prendre qu'à toi-même.

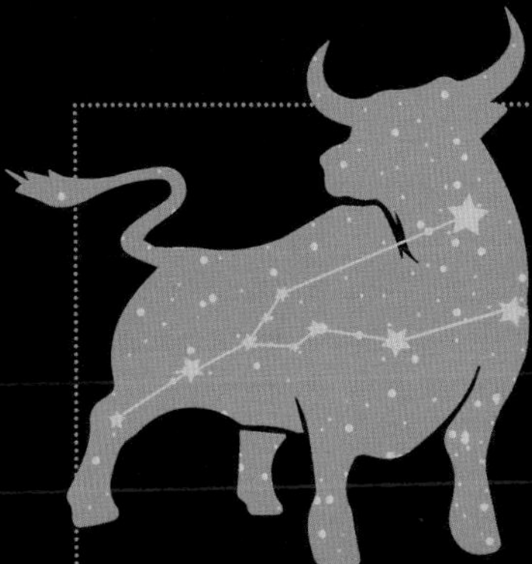

DATES DE NAISSANCE
20 avril — 20 mai

SYMBOLE
Un taureau

PLANÈTE MAÎTRESSE
Vénus

ÉLÉMENT
Terre

MODALITÉ
Fixe

SIGNE OPPOSÉ
Scorpion

ENNEMI MORTEL
Gémeaux

BÊTE NOIRE
Les gens en retard, la nourriture fade, être pressé, les changements brusques

5 TAUREAU CÉLÈBRES

Bien sûr, les Taureau adorent raconter qu'ils partagent leur signe astro avec Shakespeare et Janet Jackson, mais ils taisent le côté obscur de leurs terribles ancêtres. Voilà cinq personnalités qui illustrent les pires traits de ce signe :

1 **Maximilien Robespierre (6 mai 1758)**
Architecte de la Terreur durant la Révolution française, il fait guillotiner ses opposants politiques avec une efficacité digne de son signe.

2 **Catherine II (2 mai 1729)**
Impératrice russe qui a fait assassiner son mari pour se saisir du pouvoir. Une rumeur populaire l'accuse d'avoir un jour couché avec un cheval.

3 **Robert Oppenheimer (22 avril 1904)**
Physicien théoricien américain connu comme le « père de la bombe atomique » pour son rôle dans le développement de la première arme nucléaire.

4 **Sid Vicious (10 mai 1957)**
Musicien punk et bassiste pour les Sex Pistols accusé du meurtre de sa petite amie Nancy Spungeon. Il meurt peu après avoir prétendu qu'ils étaient unis par un « pacte mortel » les empêchant de vivre l'un sans l'autre.

5 **Nicolas II (18 mai 1868)**
Tsar russe dont la mort aux mains des bolcheviks déclenche le début de la révolution russe en 1917.

Le Taureau en trois mots

La plupart des livres d'astro te diront que tu travailles dur, que tu apprécies le confort, les plaisirs physiques et les jolies choses. Tu es plutôt un vilain Picsou, si Picsou lui-même avait la flemme de plonger dans sa piscine de pièces d'or. Tu es obsédé par ton petit confort au point de sacrifier tout le reste : tout le monde sait que tu grignotes dans l'assiette des autres au restaurant de luxe, après avoir insisté pour le choisir. En termes de caractère, tu es perdant sur tous les tableaux. Tu évites la confrontation donc tu ne règles jamais tes problèmes et ton esprit critique t'empêche de passer à autre chose. Tu as tes convictions, toutes ennuyeuses et rasoir qu'elles sont. Alors oui, tu as une belle maison et une voiture de luxe, mais que vaut tout ça si tu ne peux pas en profiter avec tes proches parce qu'ils te trouvent barbant ?

TÊTU

Même les horoscopes les plus positifs peindront un portrait de ton obstination, cher Taureau, mais rentrons vraiment dans le vif du sujet. Tu détestes le changement, qu'importent ses bénéfices à long terme ou son envergure, ce qui explique pourquoi tu te retrouves planté exactement au même endroit, année après année. Ton refus de te montrer flexible te prédispose aux affres de la routine, et tu aimes trop juger et étouffer ton entourage pour les laisser faire leur vie sans toi. Ils le sentent et finissent par s'éloigner de plus en plus. Pas étonnant que le taureau soit toujours tout seul dans sa cage, il envoie un message clair : « Laissez-moi tranquille. »

MATÉRIALISTE

Bien sûr, on t'a appris à partager en maternelle, Taureau, mais ça n'est pas resté. Tu es l'un des signes les plus matérialistes du zodiaque et par conséquent, ton obsession pour l'argent et le statut social frise la vulgarité. L'habit ne fait pas le moine, mais ça, ça te dépasse complètement. Tu fais partie de ces gens qui s'obligent à porter uniquement de la marque, au grand dam de tes amis qui trouvent ta panoplie Louis Vuitton de mauvais goût, même quand tu régales de manière ostentatoire. On pourrait penser que c'est sympa de ta part, mais tout le monde sait que ta prétendue générosité est profondément ancrée dans un contexte de jalousie mesquine et de rancœur. Ça n'a échappé à personne que ton étalage de richesses coïncide avec la promotion de Machinette. Tu n'es pas assez subtil pour que ça passe inaperçu.

INSIPIDE

Des bâillements : c'est tout ce que tu inspires à ceux qui ont le courage de rester en ta présence plus de cinq minutes, Taureau. À l'image du bovin qui te représente, tu es rasoir, monotone, et à vrai dire, carrément pénible à fréquenter. Tes valeurs traditionnelles et conservatrices ne laissent aucune place à la surprise, c'est toujours la même chose, toujours le même champ à brouter jour après jour. Tu es cet ami qui va au même complexe touristique ringard pour toutes les vacances et qui ose le thème « reine Victoria » à son mariage. Barbant !

Position du Taureau

Bien que le signe solaire du Taureau soit notre priorité, le fait d'avoir le Taureau ailleurs dans son thème astral a aussi des conséquences : si tu stagnes, ne cherche pas plus loin. Ce signe mou et borné a un don pour ralentir tout potentiel progrès.

LUNE EN TAUREAU

Ton signe lunaire représente ton subconscient, et on dirait ici qu'il est obnubilé par les plaisirs charnels et matériels, et qu'il refuse tout changement. Si tu rumines les deux mêmes choses constamment (probablement le sexe et l'argent), c'est certainement à cause de ta lune en Taureau. Il s'agirait de mettre fin à ce schéma infernal mais malheureusement, tourner en rond est justement la marque de fabrique du Taureau.

ASCENDANT TAUREAU

Ton ascendant illustre la manière dont le monde extérieur te perçoit, et surtout, la première impression que tu donnes. Dans le cas de l'ascendant Taureau, il s'agit d'une certaine indifférence. Tu devras lutter contre ta nature rébarbative pour afficher ton côté léger et rigolo. Tu feras mieux la prochaine fois… si toutefois on t'en donne l'opportunité.

VÉNUS EN TAUREAU

Si ta Vénus est en Taureau, tu affirmes chercher une relation stable et confortable, mais si on sait lire entre les lignes, tout ce que tu cherches, c'est à être entretenu. La Vénus en Taureau est la croqueuse de diamants ultime, prête à utiliser tous les atouts à sa disposition pour s'assurer de rencontrer la bonne personne, c'est-à-dire celle qui leur garantira une vie de luxe. Ses partenaires peuvent tester cette théorie en prononçant les mots « contrat prénuptial » et voir à quelle vitesse leur tendre moitié voit rouge.

Le Taureau en amour

Certains livres d'astrologie diront que la sensualité du Taureau en fait un incroyable étalon, ils iront même jusqu'à affirmer que tu es un dieu du sexe alors que tu n'es qu'un robot. Malgré tes stratégies méthodiques et rodées pour donner du plaisir, il te manque une capacité essentielle : la connexion émotionnelle avec tes partenaires. La conversation s'éteint une fois que c'est terminé et tes partenaires se rendent compte qu'ils n'ont aucun sujet de discussion à aborder, sauf le travail bien sûr. Auquel cas tu t'épanches sur les détails de ta carrière sans te rendre compte de l'ennui profond de ton interlocuteur, et sans penser non plus à lui poser la moindre question en retour.

LE TAUREAU CÉLIBATAIRE

Tu es un Taureau célibataire et tu te demandes pourquoi ? Probablement parce que tu n'es pas très doué avec les gens. Tu veux que tout soit fait exactement comme tu l'imagines et tu passes ta vie à chercher ton double exact. L'obstination de ton signe te pousse à camper sur tes positions pour tout et n'importe quoi, de la manière dont il faut élever les enfants jusqu'au choix du restaurant pour vendredi soir. Tu préfères perdre une relation prometteuse plutôt que ton sentiment d'être en contrôle, et ça arrive souvent. Tes compétences sexuelles incroyables te permettront de passer ta vie à bondir de lit en lit, mais si tu n'apprends pas à faire des compromis, tes relations resteront sans intérêt émotionnel.

LE TAUREAU EN COUPLE

Tu veux savoir comment convaincre un Taureau de s'engager ? Reste en place. Une fois qu'un Taureau a établi une routine, il la protégera au péril de sa vie. Il est capable de rester dans une relation toxique et insipide et d'en souffrir pour le reste de sa vie, pourvu qu'il n'ait pas à gérer les bouleversements qu'entraîne généralement une rupture. C'est un travail herculéen de larguer un Taureau, car le bestiau borné préfère revenir frapper à ta porte ou t'envoyer des textos pour toujours plutôt que de passer à autre chose.

Les plus compatibles

Taureau + Taureau

Est-ce vraiment une surprise que le partenaire idéal du Taureau soit… le Taureau ? Ce signe opiniâtre refuse le moindre compromis ou changement, par conséquent sa moitié parfaite sera celle qui voit le monde exactement de la même manière que lui (à savoir sans originalité ni saveur). Le duo Taureau/Taureau passe ses journées avachi sur le canapé à manger les mêmes plats et à avoir la même conversation en boucle en parfaite harmonie.

Les moins compatibles

Taureau + Sagittaire

Le Sagittaire est féru de spontanéité, de nouveauté et d'éternel enthousiasme. Tu vois le problème ? Bien que les prouesses sexuelles du Taureau parviennent à combler la ferveur initiale du Sagittaire, son manque d'endurance en dehors du lit signera la fin de leur couple. Si le Taureau adore les soirées canapé, le Sagittaire ne peut s'épanouir qu'avec de nouvelles aventures et expérimentations. L'archer passionné se lassera rapidement de son amant terrestre, au plus grand dam du Taureau.

Taureau + Gémeaux

Le Gémeaux est un signe d'air qui a constamment la tête dans les nuages, là où le Taureau est un signe de terre qui préfère garder la tête dans le sable. Pour conserver l'intérêt du Gémeaux, un prétendant doit fournir un flot constant de conversation intellectuelle, or le Taureau se contentera de parler météo… encore et encore. Le duo est si mal assorti qu'il ne passera sûrement même pas le premier rendez-vous, qui est susceptible de se dérouler dans un silence de mort. Au moins le restau était bon.

Taureau + Lion

L'amour des jolies choses rassemblera ces deux signes dans un premier temps et ils feront initialement un beau couple, mais leur entêtement mutuel les éloignera inéluctablement. Ils partagent la devise « C'est ça ou rien » et camperont sur leurs positions en cas de désaccord. Pourtant, au début, ils s'éblouissent mutuellement avec leur style impeccable et leur sensibilité gastronomique, mais tout s'effondre dès qu'il faut mettre de l'eau dans son vin.

LE TAUREAU AU TRAVAIL

Tout Taureau qui s'est renseigné sur son signe solaire sait qu'il travaille dur et qu'il est fiable – et c'est vrai, mais à l'excès. C'est tout toi, tu es cette personne qui fait partie des murs, qui accepte toutes les missions et les exécute parfaitement mais ne réussit jamais à gravir les échelons. Jour après jour, année après année, on te trouve au même bureau, avec le même Tupperware, à moisir sur ta chaise. C'est agaçant de voir tes collègues plus jeunes et moins assidus évoluer sous ton nez, mais jamais assez pour te pousser à agir. Tu es prêt à rester dans un environnement professionnel toxique pour éviter de démissionner et te déraciner, malgré l'humiliation de voir ton ancien stagiaire devenir ton supérieur hiérarchique. Tu n'aimes rien de plus que la sensation d'être un rouage dans une affaire qui roule, et ça te poussera à dédier ton existence entière à tes tâches sans intérêt jusqu'à ton pot de départ minable quand sonnera l'heure de la retraite – ou de ta mort.

LE TAUREAU EN FAMILLE

D'un côté, en bon Taureau, tu es le ciment de ta famille grâce à ta nature stable et tes compétences culinaires pour le repas dominical. De l'autre côté, ton amour pour la tradition te rend allergique au changement, et tu ne peux t'empêcher d'imposer tes standards conservateurs et impossibles au reste des membres de ta famille. Toute tentative de faire bouger les choses sera immédiatement tuée dans l'œuf, car ton signe ne peut imaginer qu'on puisse vouloir mener sa vie autrement que toi. Tu es celui qui trouve toujours des défauts aux nouveaux partenaires de tes frères et sœurs et qui reste dans l'incompréhension face au style de vie « alternatif » de ton cousin en fac d'arts plastiques. À chaque réunion de famille, tu t'impliques dans les préparatifs de telle manière à ce que tout soit réglé comme une horloge et fait à ta façon, c'est-à-dire exactement pareil que depuis des générations. Ta cousine végétarienne veut proposer un nouveau menu pour le dîner de famille ? Pas de chance, tu vas te plaindre et bouder tout le long. En provoquant le Taureau, on en voit les cornes. Surtout quand il s'agit de gastronomie.

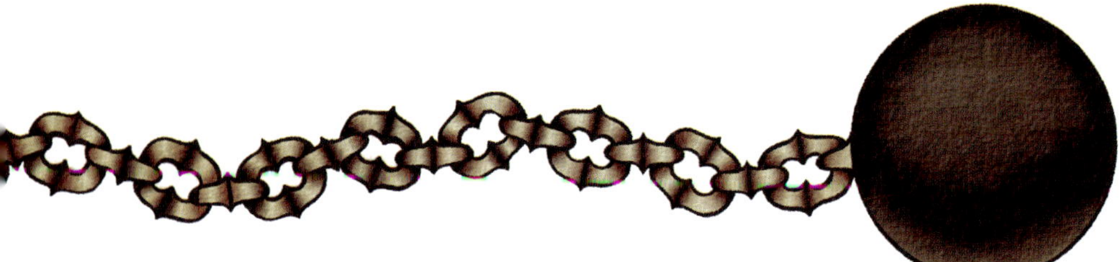

LE TAUREAU À LA MAISON

La maison du Taureau est sa forteresse, aussi, tu n'hésites pas à construire tes douves et à fermer les portes à double tour pour que personne ne vienne te déranger. C'est là que tu amasses tes biens les plus précieux, et sans surprise, tu prends la décoration très au sérieux. À l'image de ta garde-robe, tu préfères la marque, qu'importe le domaine. Tu peux passer une éternité à tout harmoniser pour ne plus jamais avoir à y toucher, même si le papier peint finit défraîchi ou le parquet démodé. Tes invités comprendront très vite que tu as créé l'espace parfait pour toi et toi seul, et qu'ils ont plutôt intérêt à se plier aux règles de la maison pour ne pas risquer ta colère (même lorsque tu leur loues l'espace). Chaque chose a sa place, et les manières sont très importantes dans ton temple sacré ; tu n'accueilleras personne à ta table si le savoir-vivre n'est pas respecté à la lettre. Ne pas venir les mains vides est apprécié, mais tout cadeau sera durement jugé : si la bouteille de vin vaut moins de vingt euros, ce n'est même pas la peine de revenir.

LE TAUREAU EN VOYAGE

Les rares occasions où le Taureau daigne quitter son doux foyer, tout doit se passer exactement comme il le souhaite : généralement sans surprise et dans le grand luxe. C'est pour ça que tu planifies chaque plage horaire de ta journée et refuses tout changement dans l'itinéraire. Un retard d'avion ou la moindre variation, même aussi inoffensive qu'un oubli de brosse à dents, provoquera immédiatement une crise de nerfs. Tu ne risques pas de t'aventurer hors des sentiers battus pour visiter un château hanté ou de réserver le train ou l'hôtel le moins cher. Tu préfères largement emprunter les mêmes chemins que des millions de touristes avant toi et dormir dans cette chaîne d'hôtels où tu as tes petites habitudes (et où tu cumules des points !). Quand sonne la fin du voyage, tu rebats les oreilles de tout le monde avec ta hâte de rentrer chez toi, riche de souvenirs ringards et de photos où tu fais genre de tenir la tour Eiffel entre deux doigts.

Les deux côtés du Taureau

Le Taureau fait partie des signes les plus féminins du zodiaque, mais tous les Taureau ont à la fois un côté féminin et masculin. Au-delà du genre, de nombreux facteurs influent sur l'humeur du Taureau que tu croiseras ce jour-là, comme son stress, la proximité de son domicile, et la qualité de son sommeil de la veille. Parfois, ça se joue juste à pile ou face. Voici les deux facettes de la personnalité du Taureau, quoique aussi bornées et inflexibles l'une que l'autre.

TAUREAU EN « *DARK MASCULINE* »

Dans son côté obscur masculin, le Taureau est rapidement obnubilé par le travail ou le sexe. Si tu le lances sur un autre sujet que le boulot, tu n'obtiendras pour réponse que des regards dans le vague ou des réprimandes parce qu'il doit se concentrer sur son tableau Excel. La seule chose qui peut le distraire de la monotonie du bureau, c'est la nourriture ou le sexe, quoique avec un résultat similaire à chaque fois : il finit par s'endormir sans un mot après, sauf si ses ronflements comptent comme une tentative de communication.

TAUREAU EN « *DARK FEMININE* »

Quand un Taureau se sent particulièrement féminin, son esprit critique et exigeant prend le contrôle. Son obsession se dirige vers la maison, et il ne peut s'empêcher de rabrouer sa famille et ses proches sur la manière dont ils vivent leur vie (et que le Taureau désapprouve). Il est cette belle-mère infernale qui impose son matérialisme compulsif et ses attentes démesurées en matière de manières et savoir-vivre. On ne met pas les coudes sur la table !

Cuspide Taureau

FRONTIÈRE TAUREAU – GÉMEAUX
(17 MAI – 23 MAI)

Qu'est-ce qu'un Taureau sur lequel on ne peut pas compter ? Un cuspide Taureau-Gémeaux bien sûr. Tu seras généralement plus sociable et aventureux que le Taureau classique, mais tu te convaincras de rester à la maison à la moindre occasion. Ça signifie que tes amis ne savent jamais si tu vas véritablement te pointer quand vous prévoyez de vous voir, ou si tu vas annuler à la dernière minute. Ils seront inquiets au début, mais au bout de quelques lapins, ils seront habitués à tes textos « Pardon, je me suis endormi ! » et ne t'attendront même plus.

Coucou, Gémeaux...

C'est un miracle que tu sois resté concentré jusqu'ici, même si on se doute que tu as sauté des pages pour arriver plus vite à ton chapitre. Tu es le centre de l'univers, après tout. Tu as peut-être réussi à faire croire au reste du monde que tu es intelligent grâce à tes connaissances approximatives dans divers domaines, mais en vérité, tu es plutôt touche-à-tout et bon à rien. À la seconde où on creuse un peu, l'illusion se dissipe plus vite encore que tu ne *ghostes* tes prétendants, tous autant qu'ils sont.

DATES DE NAISSANCE
21 mai — 20 juin

SYMBOLE
Des jumeaux

PLANÈTE MAÎTRESSE
Mercure

ÉLÉMENT
Air

MODALITÉ
Mutable

SIGNE OPPOSÉ
Sagittaire

ENNEMI MORTEL
Les autres Gémeaux

BÊTE NOIRE
Les gens trop sérieux, les conversations ennuyeuses, les horaires fixes et les interruptions intempestives

5 GÉMEAUX CÉLÈBRES

Les Gémeaux comptent d'illustres personnages dans leurs rangs : acteurs, dictateurs, séducteurs... Ça irait plus vite de lister les Gémeaux qui ne sont pas célèbres pour une raison ou une autre, mais en voilà cinq malgré tout :

1. **Marilyn Monroe (1er juin 1926)**
Sublime actrice et sex-symbol de l'âge d'or d'Hollywood dont l'aura magnétique et sensuelle a entraîné de nombreux mariages et liaisons très médiatisés.

2. **Marquis de Sade (2 juin 1740)**
Noble et philosophe français qui a donné naissance au terme « sadisme » avec ses romans sexuellement explicites.

3. **Errol Flynn (20 juin 1909)**
Don Juan hollywoodien, homme à femmes et aventurier à l'écran, réputé pour sa consommation excessive d'alcool, ses mariages ratés et ses problèmes judiciaires.

4. **Henry Hill (11 juin 1943)**
Mafieux américain qui a sévi toute sa vie à la botte de la famille Lucchese à New York et qui a inspiré le film *Les Affranchis* de Martin Scorsese en 1990.

5. **Wallis Simpson (19 juin 1896)**
Divorcée américaine, amante puis épouse du roi Édouard VIII. Leur relation a finalement entraîné l'abdication d'Édouard et ils se sont exilés en France, où ils ont été soupçonnés d'être de mèche avec les nazis.

Le Gémeaux en trois mots

Toute ta vie, on t'a rabâché que tu étais si spirituel et si intelligent, mais pas de ça ici ! Tu es médisant, sournois et pas fiable pour un sou ; tu attires les gens pour mieux les décevoir (et leur briser le cœur) l'instant d'après. Arnaqueur de génie, le Gémeaux ira jusqu'à voler un bonbon à un enfant juste pour le jeter à la poubelle car finalement, il n'en a plus envie.

Ami avec un Gémeaux ? Pas pour longtemps. Les amitiés avec les Gémeaux sont idylliques mais de courte durée, car ce signe d'air est toujours à la recherche de sa prochaine lubie. À cause de ton lien avec Mercure, tu crois sûrement que tu es très doué pour faire la conversation alors qu'en vérité, tu te contentes de monopoliser le temps de parole en jacassant sur tes sujets de prédilection et tu regardes sans cesse derrière ton interlocuteur, prêt à l'abandonner pour quelqu'un de plus cool. Tu as tendance à jeter tes amis comme des mouchoirs après avoir épuisé leur potentiel, comme l'arriviste sournois que tu es, et les ragots que tu n'arrêtes pas de colporter t'ont sûrement valu quelques ennemis sur le chemin de la gloire.

INCONSTANT

La pire manière d'amener un Gémeaux à faire quelque chose, c'est de lui demander de le faire. Tu es complètement allergique à l'engagement et pathologiquement incapable de tenir une promesse. En vérité, plus tu jures quelque chose, moins il y a de chances que ça arrive. Tu préfères largement courir après le dernier objet en date de ta convoitise plutôt que de faire des trucs sans importance, comme « respecter un engagement ». Tes collègues savent que tu ne tiendras jamais tes échéances et tes amis sont habitués à ce que tu leur poses des lapins à leurs anniversaires, mariages et baptêmes… Cela dit, tu n'es pas certain d'être là pour les tiens non plus.

Le Gémeaux en amour

Commençons par quelques compliments, Gémeaux : tu es très bon en séduction, genre vraiment. Tu n'as qu'à demander aux multiples amants avec lesquels tu jongles probablement en ce moment même. Ton signe traître sait flirter mais est incapable de tenir sur la durée, tu ne vois donc pas le mal à cumuler les partenaires romantiques, allant jusqu'à proclamer ton amour pour chacun. Mais quand vient le moment de définir la relation, il n'y a plus personne. Attention à ne pas trop jouer avec le feu, Gémeaux.

LE GÉMEAUX CÉLIBATAIRE

De bien des manières, le célibat est ce qui te va le mieux. En tant que signe d'air, tu détestes être cloué au sol ; tu choisis de batifoler et de butiner toutes les fleurs du jardin plutôt que de risquer d'être étouffé par les standards de quelqu'un d'autre. Tu es un as de la communication et tu n'as aucun mal à te jeter dans l'arène pour un rendez-vous galant, d'ailleurs, ce jeu du chat et de la souris est ton étape préférée du processus. En revanche, tu t'ennuies une fois qu'on fait des plans sur la comète et tu trouves la sortie de secours la plus proche. Tu as l'habitude de conquérir tes proies pour les abandonner le lendemain matin comme le don Juan que tu es, et tu es à deux doigts de te faire blacklister des applis de rencontres.

LE GÉMEAUX EN COUPLE

Des signes du zodiaque, tu es l'ultime allergique à l'engagement. Il peut arriver que tu acceptes de te poser dans une relation, mais tu as toujours un pied dehors. Même en couple, tu préfères avoir un plan B, C et D, et ta moitié devra faire avec cette tendance à flirter à droite et à gauche. Mais sinon, ce n'est pas très grave, tu préfères limite une relation où on se sépare pour mieux se retrouver, ça entretient la flamme et on ne s'ennuie jamais (la phobie du Gémeaux). Si tu t'engages sur le long terme, ce sera probablement avec quelqu'un de riche et respecté qui t'aidera à gravir les échelons. Du moins jusqu'à ce que tu t'enfuies avec la moitié de son patrimoine.

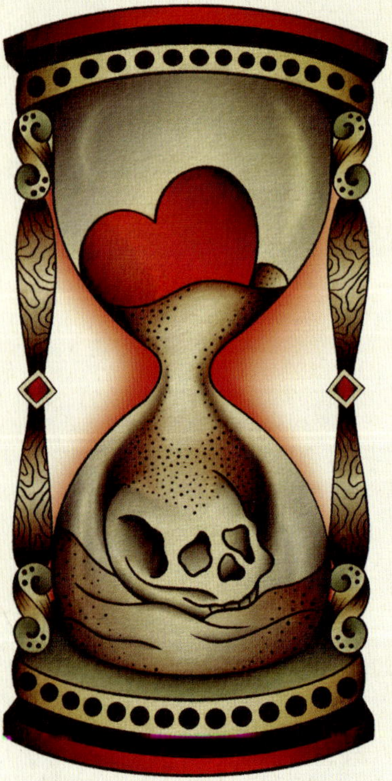

Les plus compatibles

Gémeaux + Verseau

Le partenaire idéal du Gémeaux sera le Verseau. Lui aussi signe d'air, le Verseau a trop la tête dans les nuages pour forcer le Gémeaux à revenir sur terre, et leur réputation de signe le plus bizarre du zodiaque garantit au Gémeaux de ne jamais se lasser. Ce signe captivant ne voit pas d'inconvénient à garder la relation intellectuelle plutôt qu'émotionnelle, et ensemble, ils peuvent passer des heures à refaire le monde. La distance affective du Verseau se révèle parfaite pour le Gémeaux : il ne s'attachera jamais assez pour se vexer des jeux de séduction des jumeaux ou de leur incapacité à s'engager. Peut-être qu'il ne remarquera même pas leur absence.

Les moins compatibles

Gémeaux + Capricorne

Le Capricorne terre-à-terre est beaucoup trop clinique et sérieux pour le Gémeaux insouciant, qui se sentira rapidement étouffé et pris au piège, deux sensations qui lui sont tout bonnement insupportables. Pour le Capricorne, l'engagement est le sel de la vie, ce que le Gémeaux ne pourra jamais lui promettre. Pire encore, le Capricorne se souvient de toutes les promesses qui lui sont faites et s'attend à ce qu'elles soient tenues : une tâche insurmontable pour le Gémeaux qui change d'humeur comme de chemise.

Gémeaux + Sagittaire

Sans surprise, ce duo d'air et de feu est une bombe à retardement. Ils seront d'abord attirés par leur amour mutuel des joutes verbales et de la légèreté, d'autant plus que la témérité du Sagittaire comble parfaitement le besoin d'aventure du Gémeaux. Cependant, le danger rôde pour ces deux signes qui auront tendance à se provoquer mutuellement et à faire ressortir les pires défauts l'un de l'autre. Ils peuvent se retrouver coincés dans ce cycle infernal de rupture et retrouvailles que le Gémeaux aime tant, mais finalement, la manie du Sagittaire de mettre le nez du Gémeaux dans ses erreurs signera l'explosion de la bombe.

Gémeaux + Taureau

Le Taureau sensuel et matérialiste pourra attirer le Gémeaux avec ses vêtements de marque et sa réputation au lit, mais pour le dire simplement, le Taureau est trop chiant pour conserver l'intérêt du Gémeaux plus d'une soirée. Une fois le désir initial évaporé, le désintérêt du Taureau pour les choses de l'esprit rimera avec ennui mortel pour le Gémeaux. Dès que la discussion perd en qualité (en général, dès la fin du rapport sexuel), le Gémeaux inventera n'importe quelle excuse pour fuir. Non pas que ça dérange le Taureau, après tout, il doit se lever tôt pour aller au boulot.

LE GÉMEAUX AU TRAVAIL

Un Gémeaux ? Au travail ? Pas pour longtemps. Tu n'es pas fait pour avoir un emploi stable. Bien sûr, tu incarnes parfaitement la devise « fais semblant jusqu'à ce que tu y arrives », ce qui signifie que tu excelles dans l'exercice de l'entretien d'embauche mais ça te lasse rapidement, et tu n'es pas à la hauteur des attentes placées sur toi. De la même manière, tu fais bonne impression à tes collègues avec ton attitude détachée et ta conversation, mais ils tombent de haut quand ils voient ton vrai visage : celui de colporteur de ragots professionnel. Dès qu'un Gémeaux décroche un poste qui l'intéresse vraiment, sa nature méprisable prend le dessus et il manipule, et marche sur tous ceux qui le ralentissent dans son ascension au pouvoir. Si seulement tu mettais ton énergie au service de ce pour quoi tu as été engagé… Mais tu trouverais ça trop ennuyeux, toi qui as besoin de stimulation constante pour ne pas dépérir. Un métier « atypique » te conviendrait mieux : escroc, influenceur, agent double peut-être ?

LE GÉMEAUX À LA MAISON

Puisque tu as tendance à *ghoster* tes partenaires romantiques, on dirait que ton domicile est abandonné depuis des années. Tu exècres l'idée de rester tranquille chez toi, donc tu passes le plus clair de ton temps à l'extérieur, et ton doux foyer ressemble plus à un appartement témoin qu'autre chose. Si tu te décides à décorer, c'est selon un principe de design d'intérieur pour le moins incohérent. Ton style d'aménagement consiste à arranger des objets brillants que tu as trouvés lors de tes nombreuses aventures sur des étagères manifestement fixées avec les pieds. Tes habitudes de pie voleuse rendraient une éventuelle cohabitation cauchemardesque : tes colocataires ne sauraient jamais si tu as encore ramené un meuble moisi, trouvé dans la rue, ou un énième animal sauvage que tu as décidé d'adopter.

LE GÉMEAUX EN FAMILLE

Où que tu sois dans l'ordre de naissance, tu insistes pour être le bébé de la famille, et ce que Gémeaux veut, Gémeaux obtient. Surtout dans la mesure où tu sais exactement quoi dire pour charmer mamie tout en t'investissant au minimum dans les anniversaires, vacances et autres réunions familiales. Ta simple présence est un cadeau, après tout. C'est ta marque de fabrique de débarquer à un dîner et d'écouter les autres chanter tes louanges, que ce soit mérité ou non, alors que tu ignores tout le reste. Sauf, bien sûr, quand il s'agit des derniers potins : tu es le premier à laver le linge sale de ta famille en public pourvu que ce soit divertissant, et ta fratrie pourra attendre longtemps avant d'obtenir des excuses pour cette fois où tu as raconté à toute l'école qu'ils avaient fait pipi au lit. En vieillissant, la nouvelle génération te verra comme l'oncle ou la tante cool, mais les adultes savent qu'il ne vaut mieux pas te demander de venir les garder, sauf à vouloir les retrouver tout excités à cause du film d'horreur que tu leur auras fait regarder, la cargaison de bonbons que tu leur auras donnée à la place du dîner, et l'heure de coucher que tu n'auras pas respectée. En résumé, ça te convient parfaitement de rester assis à la table des enfants si ça te permet d'ignorer les responsabilités qu'entraîne la vie d'adulte.

LE GÉMEAUX EN VOYAGE

D'un côté, tu adores voyager. De l'autre côté, tu as en horreur toute l'organisation nécessaire : réserver des vols, trouver un hôtel, ou pire encore, faire tes bagages. En théorie, ton côté aventureux pourrait faire de toi un bon compagnon de voyage, mais en pratique, tu te noies très rapidement dans les différentes options de destinations, tu refuses d'être limité par les horaires d'arrivée et de départ des hôtels et tu rechignes à réserver dans les restaurants. Tu préfères arpenter les rues de ton nouvel environnement plutôt que de t'en tenir à un planning, et par conséquent, tu repars souvent sans avoir vu les attractions locales les plus célèbres ; mais avec au moins deux nouvelles conquêtes internationales persuadées d'avoir trouvé l'âme sœur.

Les deux côtés du Gémeaux

Si le Gémeaux est généralement considéré comme un signe masculin du zodiaque, tous ont des tendances associées aux côtés obscurs masculin et féminin. Qu'importe le genre, tu peux te retrouver à jongler entre les deux visages du Gémeaux d'un jour à l'autre, voire d'une minute à l'autre. Ce n'est pas pour rien que ce signe est symbolisé par des jumeaux, après tout.

GÉMEAUX EN « *DARK MASCULINE* »
Imprudent. Accro à l'adrénaline. Joueur. Ces trois adjectifs peuvent être utilisés pour qualifier un Gémeaux qui penche plutôt du côté masculin obscur. Il est alors animé d'un ardent désir de se la raconter, il devient vantard et cherche absolument à prouver qu'il est la personne la plus érudite en présence. Que celui qui chercherait à remettre en cause sa supériorité intellectuelle se prépare au combat.

GÉMEAUX EN « *DARK FEMININE* »
Quand le Gémeaux penche plutôt du côté féminin obscur, il se transforme en incorrigible séducteur et en irrésistible bourreau des cœurs. Escroc de haut vol, il fait étalage de ses charmes pour obtenir ce qu'il veut et atteindre ses objectifs, avant de se faire la malle quand les choses deviennent sérieuses, ou quand l'addition arrive. Un Gémeaux qui invite de bonne grâce ? Impossible.

Cuspide Gémeaux

FRONTIÈRE GÉMEAUX – CANCER
(18 JUIN – 24 JUIN)

La vivacité d'esprit du Gémeaux rencontre l'hypersensibilité du Cancer à la frontière entre ces deux signes ; tu es particulièrement susceptible de faire aux autres ce que tu n'aimerais pas qu'on te fasse. Si ton caractère Gémeaux dominant te mène souvent à remettre quelqu'un à sa place avec un bon mot, ton côté Cancer fait que tu prends très mal que l'arroseur soit arrosé. Tu as besoin du soutien des autres et rends rarement la pareille : pas surprenant que tu sois en mauvais termes avec tes ex.

Coucou, Cancer…

À peine vient ton tour de subir les vannes, Cancer, que tu pleures déjà, et ça ne surprend personne. Ton signe d'eau, sous l'égide de la lune, pourrait remplir des piscines entières des larmes que tu verses quotidiennement pour tout et pour rien, d'un désagrément superficiel à un conflit qui date du bac à sable. On te présenterait bien nos excuses pour ce que tu t'apprêtes à lire, mais ce n'est pas vraiment ton genre de pardonner, ou d'oublier quoi que ce soit. Il n'y a rien que les crabes aiment plus que de rester terrés dans leur coquille et entretenir leurs rancœurs comme un feu de bois. C'est une fête d'anniversaire de moins que tu pourrais gâcher avec ta capacité légendaire à plomber l'ambiance.

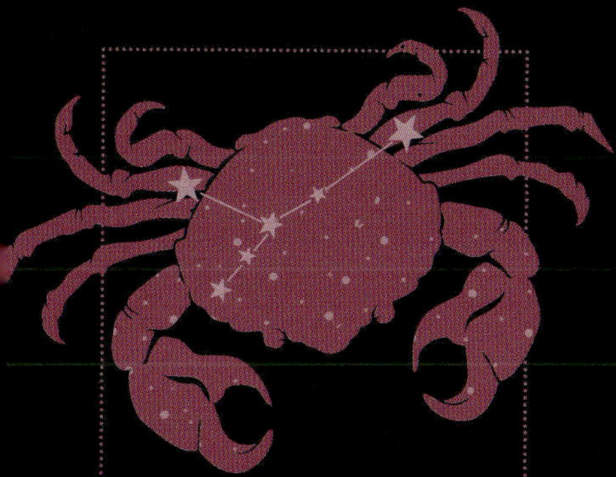

5 CANCER CÉLÈBRES

DATES DE NAISSANCE
21 juin — 22 juillet

SYMBOLE
Un crabe

PLANÈTE MAÎTRESSE
La lune

ÉLÉMENT
Eau

MODALITÉ
Cardinal

SIGNE OPPOSÉ
Capricorne

ENNEMI MORTEL
Sagittaire

BÊTE NOIRE
L'ingratitude, l'égoïsme, les oublis d'anniversaire et la finalité

Bien sûr, les Cancer peuvent se vanter d'être représentés par des figures populaires au grand cœur telles que Meryl Streep, Nelson Mandela ou encore Lady Di, mais ce sont plutôt des exceptions à la règle. Ce signe hypersensible, revanchard et lunatique produit généralement des individus à son image comme :

1 **Henri VIII (28 juin 1491)**
Monarque tristement célèbre qui a fondé l'Église d'Angleterre juste pour pouvoir divorcer. Il a finalement eu six épouses, dont deux qui furent décapitées.

2 **Mike Tyson (30 juin 1966)**
Champion de boxe américain et criminel, il est connu notamment pour avoir arraché l'oreille d'un adversaire avec ses dents lors d'un match.

3 **Lizzie Borden (19 juillet 1860)**
Meurtrière américaine accusée d'avoir tué son père et sa belle-mère de quarante coups de hache dans leur résidence familiale.

4 **Jules César (12 ou 13 juin, 100 av. J.-C.)**
Empereur et dictateur romain assassiné par les membres de son propre Sénat le 15 mars en 44 av. J.-C.

5 **John Dillinger (22 juin 1903)**
Gangster américain issu de la Grande Dépression qui a orchestré le braquage de vingt-quatre banques et quatre commissariats de police avec le gang Dillinger. Il a été emprisonné plusieurs fois et s'est échappé à deux reprises.

Le Cancer en trois mots

Si la plupart des astrologues te disent que tes émotions sont ta force, ce n'est pas tout à fait vrai pour autant. Ton signe lunatique, rancunier et mystérieux te fait constamment perdre ton temps avec pléthore d'inquiétudes inutiles, conflits imaginaires et scénarios catastrophe. Sans surprise, tu es symbolisé par le crabe, parce que ta mauvaise humeur constante te pousse à pincer et brutaliser ceux qui ont l'audace de se tenir sur ton chemin.

Tu te repais de la négativité et aucun rayon de soleil ne résiste à l'ombre de ton catastrophisme perpétuel. Pire, tu es une vraie girouette à cause de l'influence de la lune ; aussi, tes proches ne savent jamais de quel pied tu t'es levé. Tu peux être tantôt larmoyant et collant, tantôt distant et réservé. Dans tous les cas, ils savent que tout tourne toujours autour de toi et de tes milliers de problèmes, réels ou imaginaires. Mais bon, tout le monde sait que tu as plutôt tendance à les inventer de toutes pièces.

LUNATIQUE

Le Cancer morose vit sa vie au service de ses émotions changeantes, de « légèrement affecté » à « dévasté sans commune mesure ». C'est là que ta nature de crabe peut taper sur les nerfs de tes amis et collègues comme de ta famille ou de n'importe qui autour de toi. Impossible de savoir ce qui peut déclencher tes états d'âme légendaires, probablement parce que tu l'ignores toi-même. Tu fais honneur à ta réputation de signe le plus pessimiste du zodiaque en trimballant ton nuage déprimant et nihiliste où que tu ailles, même à un anniversaire d'enfant. Avec toi, Cancer, le verre n'est pas seulement à moitié vide, il est aussi à deux doigts d'exploser.

MANIPULATEUR

Le Cancer est réputé pour sa connexion à ses propres émotions, ce qui te rend aussi particulièrement apte à influencer celles des autres. Tu es prêt à tout pour satisfaire tes besoins émotionnels, même s'il faut mentir un peu ou garder quelques secrets pour y arriver. Ton manque d'affection est tellement manifeste qu'il masque mal ta nature froide et calculatrice. Tu maîtrises parfaitement le ton passif-agressif, le soupir renfrogné et les compliments à double sens, et par conséquent, tu parviens à manipuler les émotions de tous ceux qui t'entourent sans qu'ils ne s'en rendent compte. Tu ressortiras de l'échange rassasié et satisfait après avoir embobiné ton interlocuteur et drainé toute son énergie. Pas étonnant que tu évites le soleil : tu es un vampire émotionnel.

RANCUNIER

Ton petit talent, c'est de savoir faire la liste de tous ceux qui t'ont offensé en moins de dix secondes. Le Cancer n'aime rien de plus que s'emparer d'une rancœur et la garder fermement entre ses pinces pour le restant de ses jours. Tu prends tout personnellement et tu es incapable de pardonner à quiconque franchit tes limites, même si tu ne les as pas exprimées. Au vu de ta liste infinie d'ennemis, tu n'es heureux que dans un état perpétuel de *schadenfreude*, ce mot allemand qui désigne le plaisir qu'on tire du malheur des autres. Aïe aïe aïe, Cathy vient de perdre son job de rêve ? Il aurait fallu y penser avant de t'éliminer au ballon prisonnier au collège.

Position du Cancer

Pas besoin que ton signe solaire soit Cancer pour que ce crabe manipulateur vienne te serrer la pince dans ton thème astral. Son énergie négative est difficilement évitable.

LUNE EN CANCER

Quel que soit ton signe solaire, si ta lune est en Cancer, tu as le caractère d'un adolescent sombre et imprévisible. Tu as des tendances casanières et solitaires, ce qui implique que tu préfères passer tes journées à planifier une quelconque vengeance, dans le plus grand secret, plutôt que de sortir t'amuser. Défense d'entrer ! Bouderie en cours.

ASCENDANT CANCER

Savais-tu que le Cancer et le Lion sont les ascendants les plus communs au monde ? Malheureusement, si tu as le crabe sur le dos, ça signifie que les autres te perçoivent comme un ermite lugubre et irritable au talent exceptionnel pour casser l'ambiance partout où tu vas. Mais au moins tu n'es pas seul ! Tu peux peut-être lancer un groupe de soutien pour les ascendants Cancer de ce monde.

VÉNUS EN CANCER

Si ta Vénus est en Cancer, il y a fort à parier qu'au moins une de tes relations s'est terminée parce que tu étais trop collant, et les autres se sont fait la malle parce que tu te prenais pour leur mère. La tendance des Vénus en Cancer à materner leurs partenaires dès le début de la relation est bien connue. La prochaine fois, attends peut-être au moins d'avoir rencontré sa famille ?

Le Cancer en amour

Obsessed, le tube de Mariah Carey, est peut-être dédié à une Balance (le rappeur Eminem) mais ça aurait tout aussi bien pu être écrit pour toi. Le Cancer étant loyal à l'excès, tu peux te retrouver à t'accrocher à une relation bien après sa fin parce que tu as tout simplement du mal à passer à autre chose et à lâcher l'affaire : aucun retour en arrière n'est possible dès qu'un crabe a attendri sa carapace. Le peu de gens qui ont réussi à s'extirper de l'emprise d'un Cancer et qui ont durement gagné le statut d'ex sont désormais des ennemis pour la vie. Tu ne prends pas la trahison émotionnelle à la légère et tu n'as certainement pas oublié la fois où ton béguin de primaire a dansé avec quelqu'un d'autre à la boum de l'école.

LE CANCER CÉLIBATAIRE

Quand tu es célibataire, tu adores jouer les inaccessibles, mais c'est seulement un jeu. Tu peux ignorer les messages de quelqu'un tout en l'épiant, sur ses réseaux sociaux et IRL. Quel incroyable hasard que tu te pointes dans ce café que ton crush mentionne quotidiennement dans sa story… C'est forcément un signe de l'univers. Le Cancer est le signe le plus enclin aux entre-deux relationnels pas très clairs à cause de sa tendance à courir après des gens indisponibles. Aussi, tu risques de perdre des années de vie à entretenir un amour à sens unique alors que tu pourrais trouver quelqu'un à ta portée. Mais bon, après, de quoi te plaindrais-tu ?

LES CANCER EN COUPLE

On ne sait pas pour les crabes, mais avec les Cancer, c'est à la vie à la mort. Une fois en couple (réel ou imaginaire), c'est quasi impossible de rompre avec toi. Si on essaie, tu te montreras instable, passif-agressif et tu n'hésiteras pas à avoir recours au chantage émotionnel, refusant que la relation se termine avant d'avoir obtenu une sorte de résolution (généralement, une conversation de plusieurs heures qui drainera toute l'énergie de ton partenaire et le découragera d'aller au bout). Tu es un partenaire mystérieux et jaloux qui se murera dans le silence pendant le dîner et laissera ta moitié deviner pourquoi. Indice : il est probablement question du serveur un peu dragueur qui est allé remplir la carafe d'eau.

Les plus compatibles

Cancer + Capricorne

Tout Cancer à la recherche d'une relation durable doit mettre la main sur un Capricorne. Vos signes un peu soupe au lait ont en commun cette vision quelque peu négative de la vie et vous êtes tous les deux casaniers. Le Cancer n'aura jamais à s'inquiéter de la capacité du Capricorne à s'engager (c'est leur truc) et le Capricorne s'appliquera pour percer la carapace du Cancer. Une fois que ces deux pantouflards se seront trouvés, ils ne se quitteront plus – et le canapé non plus.

Les moins compatibles

Cancer + Sagittaire

L'eau et le feu ensemble ? Ça risque de bof marcher… La nature légère du Sagittaire et sa tendance à chambrer ses proches va rapidement irriter le Cancer hypersensible. Pire encore, l'incapacité du Sagittaire à rester en place ou à s'engager risque de pousser le Cancer à la folie dans sa quête impossible pour obliger son partenaire à se poser. Si la relation va trop loin, il est certain que le Cancer passera sa vie à s'y accrocher alors même que ça ne fonctionne pas – probablement précisément *parce que* ça ne fonctionne pas.

Cancer + Bélier

Signe de feu lui aussi, le Bélier s'emballe très vite là où le Cancer préfère aller doucement et prendre le temps de développer un lien émotionnel. Cette lenteur est insupportable pour le Bélier qui couvrira le Cancer de preuves d'affection et de grands gestes dès le début. Si la relation perdure, malgré le décalage initial, d'autres problèmes surviendront à cause des yeux baladeurs du Bélier et la jalousie que cela entraînera, jusqu'à ce que le Cancer explose. À ce moment-là, le Bélier aura tendance à laisser la situation s'envenimer plutôt que communiquer rationnellement. Un duo à éviter si on ne veut pas d'un énième ex avec qui on ne supporte pas d'être dans la même pièce.

Cancer + Gémeaux

Quand le Cancer codépendant rencontre le Gémeaux allergique à l'engagement, ça promet de tourner à la crise de larmes – du moins côté Cancer. Le Gémeaux a le pouvoir d'attendrir la carapace du Cancer, mais il se lassera et passera à autre chose après y être parvenu, ce qui laissera son partenaire vulnérable et meurtri. Les émotions changeantes du Gémeaux feront tourner le Cancer en bourrique, tandis que le besoin constant du Cancer d'avoir des conversations profondes et sentimentales ennuiera profondément le Gémeaux. Disons qu'ils feraient mieux d'être amis, s'ils en sont capables.

LE CANCER AU TRAVAIL

Tu vois ce collègue qui bouillonne dans son coin pendant la réunion, qui ne dit pas un mot mais envoie un e-mail longuissime et passif-agressif après coup sur tout ce qui n'allait pas ? C'est toi, Cancer. Le rabat-joie officiel du zodiaque, celui à qui personne ne propose ses idées parce que tu les décortiqueras pour trouver toutes les failles. On te trouve déprimant et démotivant : les gens évitent de passer près de ton bureau pour ne pas être happés dans un cycle sans fin de gémissements sur la direction ou un autre collègue qui t'a offensé. En parlant de ça, tu conserves une liste bien ordonnée de ces offenses sous la main et tu passes au moins la moitié de ta journée de travail à fantasmer sur la revanche que tu vas prendre. Tu adores te sentir supérieur au boulot, et tu n'hésites pas à accepter une mission pour laquelle tu es surqualifié pour avoir le plaisir de te plaindre d'être surqualifié. C'est pareil quand il s'agit de travailler tard, tu te portes volontaire pour avoir le droit de râler après. Au moment de l'entretien annuel, ta direction anticipe tes crises, car tu prends la moindre critique constructive très personnellement. Ça vaudrait le coup de fouiller ton bureau pour débusquer les poupées vaudoues que tu as confectionnées…

LE CANCER EN FAMILLE

Maman, c'est toi ? Le Cancer maternel s'épanouit dans un rôle de matriarche, qu'il soit légitime ou fantasmé. Ton obsession de la famille est attendrissante au début, puis franchement inquiétante quand on voit les heures que tu passes au téléphone. Tes parents proches reçoivent d'innombrables messages disant qu'ils te manquent dès que tu as le sentiment de ne pas être leur priorité, et tu incarnes à la perfection le martyr sacrificiel qui reste à la maison pour prendre soin de papa et maman dans le but de faire culpabiliser ta fratrie qui a déménagé. Cette loyauté familiale féroce te distingue souvent comme le beau-frère ou la belle-sœur infernal·e et sectaire face à ceux qui voudraient intégrer le clan, et on n'est pas à l'abri d'un discours larmoyant et interminable de ta part au mariage de quelqu'un qu'on « a l'audace d'arracher à tes bras ».

LE CANCER À LA MAISON

Ce n'est pas pour rien que le Cancer est symbolisé par un animal qui porte sa maison sur son dos. Pour toi, le foyer, c'est le plus important, d'où la difficulté d'en sortir. C'est là que tu te sens le plus à l'aise et libre d'être toi-même (c'est-à-dire un peu déprimant). Fenêtres fermées, rideaux tirés, sous une pile de couvertures : c'est là que tu marines dans ton désespoir. C'est le sanctuaire parfait pour tes humeurs. Les rares occasions où tu reçois, tes invités ont l'impression de mettre les pieds dans un château hanté et non pas dans un salon, avec cet environnement strictement sinistre. Vois le bon côté des choses, cette fixation sur ta maison fait aussi que tu en prends bien soin, c'est propre et rangé. Dommage qu'il soit plus difficile de pénétrer dans ton antre que dans le coffre d'une banque et que personne ne puisse admirer ton travail.

LE CANCER EN VOYAGE

Partir de chez lui, le Cancer ? Difficile à croire. Tu évites de sortir de ta zone de confort le plus possible, aussi, essayer de te traîner quelque part peut se révéler une tâche insurmontable. Lorsque tu acceptes de voyager, tu emportes dans ta valise cette attitude pessimiste et tu ne peux pas t'empêcher de penser au pire. Et si la compagnie aérienne perdait tes bagages ? Et si tu ne retrouvais pas ton chemin ? Et si un astéroïde percutait ton hôtel ? Tout est possible avec ton signe maussade. Le plus petit inconvénient, comme un retard ou une barrière linguistique, suffit à t'envoyer dans un mal du pays stratosphérique. Tu as le don de trouver à redire sur tout, particulièrement sur le logement qui n'est jamais à la hauteur de ta maison. Tu ne te contentes pas de bouder dans ton coin, tu fais savoir à qui veut (ou non) l'entendre que rien ne va. Avec toi, les vacances sont systématiquement culpabilisantes : tu fais des « compromis » avec tes compagnons, dont tu te sers de monnaie d'échange par la suite. Tu peux ruminer en silence pendant tout le dîner parce que tu n'as pas pu choisir le restaurant et critiquer (subtilement ou non) les autres convives. En résumé, ce serait mieux pour tout le monde si tu restais chez toi à regarder *Pékin Express*.

Les deux côtés du Cancer

Le Cancer larmoyant et plein d'émotions est généralement considéré « féminin » par le zodiaque, mais sa nature irascible peut le faire pencher du côté masculin à tout moment, qu'importe le genre du signe. Ceux qui subissent tes humeurs changeantes ont parfois l'impression d'avoir affaire à deux personnes différentes, mais ce sont juste deux faces de la même médaille pénible, toujours prête à empoisonner la journée des autres.

CANCER EN « *DARK MASCULINE* »

Réservé et lunatique, le Cancer qui se trouve plutôt du côté obscur masculin se pense fort et impassible alors qu'en vérité, il est tout simplement grincheux. Faire sortir cette version du Cancer de chez lui est un travail encore plus herculéen qu'à l'ordinaire, dans la mesure où il se sent particulièrement solitaire et misanthrope. C'est sûrement mieux comme ça : inutile d'imposer aux autres ce gros nuage au-dessus de sa tête.

CANCER EN « *DARK FEMININE* »

Le Cancer plutôt féminin tendra plus facilement vers son côté obscur, tout aussi versatile et morose que son homologue masculin mais avec une bonne dose de dépendance affective et de passif-agressif en bonus. Le Cancer obscur féminin est le martyr ultime, il adore se « sacrifier » pour ses proches du moment qu'il peut jouer dramatiquement de sa souffrance pendant des semaines. Pauvre crabe en perdition, ta vie est si dure.

Cuspide Cancer

FRONTIÈRE CANCER – LION
(19 JUILLET – 25 JUILLET)

Le Cancer empoisonne tout son entourage avec son esprit fataliste ; il en va de même pour le cuspide Cancer-Lion, qui hérite hélas de la morosité du Cancer. Malheureusement pour le reste du monde, il hérite aussi des compétences sociales du Lion et n'a, par conséquent, aucun scrupule à faire subir sa déprime aux autres. Pas une conversation ne résiste à la négativité de ce combo crabe-lion, grâce à son endurance en collectivité qui lui permet d'être le dernier à partir pour s'assurer d'avoir drainé la joie de chacune des personnes en présence. À y réfléchir, Bourriquet était forcément un cuspide.

Coucou, Lion...

Ta vanité est telle que tu penses toujours que le monde tourne autour de toi. Tu as raison au moins pour ce chapitre. Non pas que tu admettes quand tu as tort… Tu es représenté par un lion, le roi de la jungle : approprié, puisque tu as tendance à penser que tu fais la pluie et le beau temps. Il n'existe pas de miroir sur cette terre dans lequel tu ne pourrais pas passer des heures à t'observer, et tu ne t'es pas encore trouvé de défaut. C'est sûrement mieux, dans la mesure où tu es obnubilé par l'image que les autres ont de toi. Finalement, cette obsession pour les apparences te rend aveugle à la manière dont les autres te voient réellement : un insupportable je-sais-tout égocentrique qui préfère saliver sur la célébrité et la fortune plutôt que d'affronter la réalité.

DATES DE NAISSANCE
23 juillet – 22 août

SYMBOLE
Un lion

PLANÈTE MAÎTRESSE
Le soleil

ÉLÉMENT
Feu

MODALITÉ
Fixe

SIGNE OPPOSÉ
Verseau

ENNEMI MORTEL
Taureau

BÊTE NOIRE
Être ignoré, l'humiliation publique, l'insolence et les *fashion* faux-pas

5 LION CÉLÈBRES

Les Lion chassent sans cesse la célébrité et comptent de nombreux grands noms dans leurs rangs, de Jennifer Lopez à Mick Jagger en passant par Whitney Houston. C'est pourtant leur côté sombre qui illustre le mieux ce signe, comme en témoignent ces cinq Lion sinistres qui ont marqué l'histoire :

1 **Elisabeth Bathory (7 août 1560)**
Comtesse hongroise plus connue sous le nom de « Comtesse Dracula » pour son amour du sang humain. La légende dit qu'elle se baignait dedans pour conserver sa jeunesse.

2 **Mata Hari (7 août 1876)**
Danseuse exotique néerlandaise condamnée au peloton d'exécution pour avoir utilisé ses charmes à des fins d'espionnage pour les Allemands durant la Première Guerre mondiale.

3 **Napoléon Bonaparte (15 août 1769)**
Empereur et général français qui a conquis une grande partie de l'Europe durant son règne. Forcé d'abdiquer par deux fois, il vécut ses derniers jours en exil à Sainte-Hélène.

4 **Alfred Hitchcock (13 août 1899)**
Réalisateur américain à qui on doit des films d'horreur iconiques. Sa passion pour les blondes platine comme Grace Kelly et Kim Novak se manifeste dans toute sa filmographie.

5 **Coco Chanel (19 août 1883)**
Créatrice de mode française qui a donné naissance à l'ensemble Chanel. En 1944, elle est accusée d'avoir collaboré avec les nazis lorsque sa liaison avec un soldat allemand est rendue publique.

Le Lion en trois mots

Ce n'est même pas la peine de te dire ce que les gentils astrologues disent de toi, Lion, tu t'envoies déjà assez de fleurs comme ça. On va plutôt rentrer directement dans le vif du sujet : tu es un mégalomane privilégié et narcissique qui ne voit pas plus loin que le bout de son nez. Tu te pavanes avec ton style vestimentaire tape-à-l'œil, tu mènes une vie superficielle et tu as constamment besoin qu'on te regarde. Bonne nouvelle : on te regarde, mais ça ne veut pas dire que les gens apprécient ce qu'ils voient pour autant. En soirée, tu prends toute la place et tu passes ton temps à jacasser sur tout et n'importe quoi en ignorant complètement les interventions de tes amis qui voudraient bien participer. Enfin, il s'agit plutôt de disciples... Le roi Lion préfère largement s'entourer d'une cour de flatteurs plutôt que de risquer que quelqu'un de son cercle intime lui dise ses quatre vérités. Dommage, c'est pourtant ce qui va se passer. Tu es prêt ? C'est parti !

VANITEUX

Dis-moi, Lion, c'est quand la dernière fois que tu t'es regardé dans un miroir ? Allez, c'était une blague, on sait tous que tu t'admires probablement en ce moment même. Tu ne peux pas t'empêcher de perdre des heures à construire minutieusement une image de toi impeccable, c'est ton idée fixe. Un rapide passage sur tes réseaux sociaux révélera certainement un défilé de photos où tu prends parfaitement la pose et de selfies aux multiples filtres. Ce qu'on ne risque pas de voir, en revanche, ce sont tes amis, ta famille ou le moindre passe-temps qui ne consiste pas à sourire pour la caméra. Tu crois que tu es irréprochable et que tu suscites la jalousie de tous avec cet extérieur triomphal, pourtant tu es réduit à néant quand on te dit : « Tu as quelque chose entre les dents. »

NOMBRILISTE

On comprend aisément qu'un signe dominé par le soleil se considère comme le centre de l'univers. Généralement, seules trois choses sont importantes pour toi, Lion : toi, toi et toi. Les pensées et les sentiments des autres ne sont tout simplement pas ton problème, d'ailleurs ils te passent complètement au-dessus, tellement tu es focalisé sur ta conquête du monde. Et qui mieux que toi pourrait régner, puisque tu es le meilleur, le plus intelligent et le plus beau sur terre ? Hélas, même si tu finis par concrétiser ton rêve, tu ne pourras partager cette victoire avec personne, tu as fait trop de dégâts autour de toi. C'est particulièrement vrai pour ton signe : on se sent bien seul au sommet.

CONDESCENDANT

Tu sais tout mieux que tout le monde. Ou du moins, tu en es persuadé, et tu le fais savoir bruyamment et souvent. Tu es si pompeux et étouffant qu'il t'est bien difficile de concevoir que l'opinion de quelqu'un d'autre pourrait être intéressante à entendre. Ton signe orgueilleux sait remettre à leur place ceux qui expriment une pensée différente de la tienne, même si les faits jouent en leur faveur. En vérité, plus on te prouve que tu as tort, plus tu persistes, jusqu'à faire usage d'insultes immatures, de roulements d'yeux dignes d'un ado et de caprices de bébé pour faire plier la volonté de tes interlocuteurs. Au moins, tu impressionnes les brutes de bacs à sable…

Position du Lion

Tout comme il domine chaque pièce dans laquelle il entre, le Lion prend également le contrôle de tout thème astral dans lequel il apparaît. Si tu as le Lion quelque part dans ton *Big* 3, c'est comme si tu l'avais partout sur ta carte du ciel : il a un peu tendance à prendre toute la place.

LUNE EN LION

Si ta lune est en Lion, tu ne vis que pour les projecteurs, cherchant constamment à attirer le regard des autres sur toi. Chaque instant est dédié à l'élaboration de ta stratégie pour te faire remarquer, et tu n'es pas au-dessus de manœuvres comme fondre en larmes ou perdre « accidentellement » une boucle d'oreille pour y arriver.

ASCENDANT LION

Si ton but est qu'on te regarde (et ça l'est), alors bravo, on te regarde ! Et on te voit comme un fanfaron prétentieux et ringard qui n'a pas grand-chose à offrir en dehors de tes compétences en retouche photo. Tu as toujours voulu qu'on parle de toi, tu ne te doutais juste pas que ce serait dans ton dos.

VÉNUS EN LION

Si ta Vénus est en Lion, prépare-toi à passer le reste de tes jours à chercher un partenaire aussi obnubilé par toi que tu l'es. Tu as un don indéniable pour attirer les prétendants avec ton éclat magnétique, mais ils fuient au bout d'un moment car cela demande trop d'efforts de rester avec toi et tu ne t'intéresses pas assez à eux. C'est normal de demander à ton partenaire s'il a des frères et sœurs lors d'un premier rendez-vous, mais au bout d'un an, c'est quand même inquiétant…

Le Lion en amour

En amour, le Lion vit en parfaite harmonie avec une seule personne : lui-même. Tous les autres, même leur moitié, passent après. Dans ta quête du grand amour, tu as besoin qu'on t'aime autant que tu t'aimes toi-même et qu'on soit prêt à te suivre sans poser de questions. Tu cherches quelqu'un qui te couvre constamment de compliments et qui t'est complètement et incontestablement dévoué. À vrai dire, tu serais ton propre partenaire idéal, mais un paillasson servile fera l'affaire.

LE LION CÉLIBATAIRE

Quand tu es célibataire, la quantité passe avant la qualité. Tu préfères largement t'entourer d'une cour de prétendants adorateurs plutôt que de faire les efforts nécessaires à une relation égalitaire. En outre, une parade éternelle de premiers rendez-vous te permet de pratiquer tes deux activités favorites : bien t'habiller et parler de toi. Il peut se passer plusieurs heures avant que tu réalises que tu n'as pas posé une seule question à ton interlocuteur, et tu te moques de savoir s'il passe un bon moment, tant qu'il règle l'addition. Une fois que vous vous quittez, c'est loin des yeux, loin du cœur : c'est probablement pour ça que tu fais partie des rares personnes qui n'ont jamais été *ghostées*. Pour ça, il faudrait d'abord que tu aies gardé son numéro…

LE LION EN COUPLE

Quand tu trouves enfin quelqu'un à ton goût d'assez obnubilé par ta personne, votre relation s'enflamme très vite. Tu es un amant exigeant et tu n'attends rien de moins que l'entière loyauté de ta moitié, que tu considères plus comme un accessoire qu'un véritable être humain. C'est pour ça que tu as tendance à graviter autour de ceux qui peuvent t'aider à gravir les échelons en société ou te faire bien voir, ou ceux qui sont juste riches. Tu cherches quelqu'un qui a du pouvoir et de l'influence, tant qu'il n'en a pas plus que toi. Si ça arrive, tu t'en débarrasses immédiatement, souvent sans même prendre le temps de lui annoncer que c'est fini entre vous.

Les plus compatibles

Lion + Balance

La Balance est parfaite pour le Lion : l'air nourrit le feu, et le Lion apprécie grandement les compliments de la Balance sur son physique, elle qui a des standards si élevés. Ils font attention, tous deux, aux apparences et chérissent les mêmes choses : être bien habillés, voir des gens et être bien vus. De plus, la nature indécise de la Balance permet au Lion de prendre toutes les décisions, pour son plus grand bonheur.

Les moins compatibles

Lion + Capricorne

Le décalage est si grand entre l'animal social et le reclus que ces deux-là n'ont pas la moindre chance. Le Lion criard et le Capricorne discret n'ont quasi rien en commun et se retrouvent toujours en désaccord sur la manière de passer un moment ensemble. Si le Capricorne privilégie le temps à la maison à regarder une série, le Lion ne voit aucun intérêt à la relation s'il ne peut pas pavaner en société. Le besoin de validation du Lion irrite profondément le Capricorne, tandis que le manque de manières du Capricorne est source de profond embarras pour le Lion. Dès que le Capricorne fera honte au Lion en soirée en étant le seul à ne pas avoir regardé la dernière téléréalité tendance, il sera mis à la porte.

Lion + Cancer

Le Lion ne supporte pas les rabat-joie, or, il se trouve que c'est la spécialité du Cancer. Ils sont régulièrement en conflit : leurs visions du monde sont diamétralement opposées et l'optimisme excessif du Lion tape sur les nerfs du Cancer pessimiste. En outre, le nombrilisme du Lion l'empêche de faire des efforts pour percer la carapace de l'hypersensible Cancer, susceptible de faire des crises parce que le Lion est incapable de prendre les sentiments des autres en considération. Finalement, les torrents de larmes et la vulnérabilité émotionnelle feront fuir le Lion avant même que le Cancer puisse lui demander de définir leur relation.

Lion + Bélier

L'approche passionnée et persistante du Bélier attire certainement l'attention du Lion, du moins au début. Une fois que la lune de miel se termine et que le Bélier regarde ailleurs, leur relation n'est que disputes. Le duo feu + feu donne des conflits explosifs, d'autant plus que personne n'est prêt à faire de compromis. Le Bélier compétitif veut l'emporter sur le Lion, ce que ce dernier refuse de laisser passer. Le Lion peut se laisser tenter par un cycle infernal de ruptures et de retrouvailles avec le Bélier, mais seulement pour l'attention inéluctable que ces aléas émotionnels tumultueux lui apportent.

LE LION AU TRAVAIL

Au bureau, l'attitude ostentatoire du Lion se mélange à un syndrome de l'imposteur aigu, ce qui est désagréable pour tout le monde. D'un côté, tu es convaincu que tu devrais diriger, qu'importe où tu te situes actuellement dans la hiérarchie, et de l'autre côté, tu essaies désespérément de cacher la moindre hésitation ou appréhension auprès de tes collègues pour que jamais ils ne découvrent que tu ne sais pas vraiment ce que tu fais. Cette combinaison de vulnérabilité et d'ego te pousse à afficher outre mesure un air assuré, même quand ce serait mieux pour tout le monde que tu te taises et que tu te fasses petit. Tu t'évertues à te montrer très occupé, mais quand on creuse un peu, on ne sait pas trop ce que tu fiches toute la journée. À part, bien sûr, scroller sur Instagram et TikTok et te comparer sans cesse à tous ces gens que tu y vois. Un dur labeur à n'en pas douter, mais tu te sacrifies de bonne grâce.

LE LION EN FAMILLE

Chaque journée en famille est une parfaite occasion de briller pour le Lion qui jubile sous les projecteurs. En ce qui te concerne, tous les autres membres de la famille sont des doublures ou des figurants, certainement pas des protagonistes. Tu es connu pour ta générosité avec ta famille et tes proches, pourvu qu'ils soient prêts à s'agenouiller et à te prêter allégeance. Frimeur que tu es, c'est difficile pour toi de partager quoi que ce soit, même tes gènes, ce qui entraîne régulièrement des compétitions entre frères et sœurs, cousins, voire même avec ta grand-mère si elle attire trop l'attention. Pourquoi c'est elle qui est au cœur des célébrations pour son 90e anniversaire, après tout ? Comme la plupart des monarques, tu gardes ta famille à l'œil, au cas où quelqu'un aurait des envies de mutinerie. Au premier signe de rébellion, tu es prêt à les jeter au cachot sans pitié avant que la dissension se propage, ou à afficher leur tête sur des piques à l'entrée de la résidence d'été pour dissuader les plus jeunes (tes neveux et nièces) de remettre ton règne en question. Longue vie au roi !

LE LION EN VOYAGE

Tu te déplaces de préférence en palanquin, mais tu es assez magnanime pour accepter les trajets en 1re classe. Ton esthétique « tout ou rien » empire quand tu es en voyage, et tu ne vois pas l'intérêt de partir si ce n'est pas dans le luxe. Des hôtels aux restaurants, tu ne veux que du cinq étoiles, et gare à ceux qui joueraient les radins : une vague de mépris les attend au tournant. En parlant de tes compagnons de voyage, ils ont plutôt intérêt à jouer le rôle des photographes attitrés. Tu cherches à commémorer chaque instant pour faire saliver tes *followers* et capturer chacune des tenues que tu as soigneusement choisies et achetées pour le voyage. Pour toi, Lion, il ne s'agit pas tant de profiter des vacances, mais plutôt de t'assurer que les gens sachent que tu profites de tes vacances. C'est pour ça que la moitié de tes amis te mettent en sourdine quand tu t'apprêtes à partir, pour éviter que leur *feed* soit inondé de mises en scène documentant tes moindres faits et gestes. Et si ta photo à la fontaine de Trevi n'est pas à la hauteur, rien ne vaut un petit Photoshop. Tes fans – amis, pardon – n'attendent rien de moins que la perfection.

LE LION À LA MAISON

Toilettes en or, tentures de velours, chaises Louis XIV… Est-ce qu'on est au manoir Playboy ou chez toi, Lion ? Tu vois ton foyer comme ton château de Versailles, et tu le décores comme tel. La plupart des gens trouveraient ça bizarre d'accrocher un portrait géant d'eux-mêmes, mais tu es unique en ton genre, après tout. Chez toi, la taille compte vraiment, et ton idée de la sérénité consiste à arpenter ton loft somptueux, regarder la télé sur ton gigantesque écran plat depuis ton canapé d'angle de luxe et dormir dans un lit assez grand pour accueillir une famille entière. Tu décrirais tes goûts comme « raffinés », mais le malheureux architecte d'intérieur que tu emploies pour exécuter ta vision dirait plutôt « kitsch ». Les mots comme « élégant » et « subtil » sont complètement étrangers à ton signe, ta priorité ultime est avant tout de te la raconter et d'accéder à la célébrité. Malheureusement, c'est exactement cette attitude qui t'empêche de faire véritablement partie de cette élite que tu cherches à intégrer de manière si ostentatoire.

Les deux côtés du Lion

En tant que signe de feu, le Lion est plutôt vu comme un signe masculin sur le spectre du zodiaque. Mais en chaque Lion se trouvent un côté obscur masculin et un côté obscur féminin, qui attendent tous deux leur heure de gloire. Si tu ne sais pas de quel pied (chaussé de Louboutin) tu t'es levé, voilà comment différencier ton côté obscur masculin du féminin.

LION EN « *DARK MASCULINE* »

Quel incroyable complexe de Napoléon ! Un Lion du côté masculin obscur est confiant au point de frôler la mégalomanie. Le monde n'est qu'un royaume à conquérir et tu n'as aucun problème à marcher sur le commun des mortels pour y arriver. Aux oubliettes, Louis XIV, le vrai Roi-Soleil est dans la place.

LION EN « *DARK FEMININE* »

Quand le Lion exprime son féminin obscur, le monde doit s'arrêter de tourner et l'admirer. Tu feras tout pour capter les regards et l'attention, et ce, même si ton comportement grossier t'attire aussi les foudres de certains. Peu importe, non ? Du moment qu'on parle de toi, le féminin obscur en toi est satisfait. On te conseille juste de te boucher les oreilles.

Cuspide Lion

**FRONTIÈRE LION – VIERGE
(19 AOÛT – 25 AOÛT)**

La combinaison terre-feu est fatale pour ce signe charnière. Si le Lion bruyant et agressif domine ta personnalité, la Vierge vient saupoudrer son perfectionnisme et ses jugements intempestifs. Son influence fait que tes standards sont impossibles à atteindre et l'égocentrisme du Lion fait que toi seul as une chance d'y arriver. Si on ajoute aussi son manque de tact, ça donne un esprit critique et narcissique sans le moindre filtre. On plaint ton entourage…

Coucou, Vierge...

Tu penses peut-être que personne n'est plus dur avec toi que toi-même, Vierge, mais n'en sois pas si sûre. Bien que tu sois experte quand il s'agit d'imposer tes standards rigides à tous ceux qui t'entourent, en vérité, tu es toi-même plutôt loin d'être parfaite. Non seulement tu laisses le mieux être constamment l'ennemi du bien, mais tu laisses aussi ton perfectionnisme agir comme un barrage éternel au progrès. Tu es la veuve noire de toutes les situations, des réunions de boulot aux soirées jeux de société, avec ton besoin pathologique de passer en revue les moindres détails en boucle jusqu'à ce que mort s'ensuive. Tu ne peux pas t'en empêcher. Il faut que chaque règle du Monopoly soit respectée, même si personne ne s'amuse. Heureusement, personne ne pourrait t'accuser d'être amusante.

DATES DE NAISSANCE
23 août – 22 septembre

SYMBOLE
Une vierge

PLANÈTE MAÎTRESSE
Mercure

ÉLÉMENT
Terre

MODALITÉ
Mutable

SIGNE OPPOSÉ
Poissons

ENNEMI MORTEL
Sagittaire

BÊTE NOIRE
Les échéances non respectées, les fautes d'inattention, les retards et le désordre

5 VIERGE CÉLÈBRES

Bon, mettons tout de suite les pieds dans le plat : d'accord, Beyoncé est Vierge. Mais le revers de la médaille de ce signe implique que quand les Vierge basculent du mauvais côté, c'est jusqu'au bout. Voici cinq Vierge célèbres qui ont usé de leur pouvoir d'analyse pour le mal :

1 **Ivan le Terrible (25 août 1530)**
Le premier tsar de Russie qui a exécuté sans pitié des milliers de gens durant son règne, dont son fils qui a tenté de l'en empêcher.

2 **Louis XVI (23 août 1754)**
Monarque français qui n'a pas su se faire aimer de son peuple. Son règne s'est terminé avec la Révolution française et sa décapitation.

3 **Caligula (31 août, 12 av. J.-C.)**
Empereur romain célèbre pour sa cruauté et son comportement étrange. Il fut accusé, au cours de son court règne, d'avoir torturé des membres de son Sénat qui s'opposaient à lui.

4 **Élisabeth Ire (7 septembre 1533)**
La Reine vierge d'Angleterre, connue pour avoir régné sans jamais se marier afin de conserver tout son pouvoir. Elle a fini par nommer James Ier comme héritier, non sans avoir préalablement décapité sa mère, Marie Stuart, pour trahison.

5 **Whitey Bulger (3 septembre 1929)**
Chef américain de la pègre, condamné à deux peines de prison à perpétuité. Malgré sa position de n° 2 sur la liste des dix criminels les plus recherchés par le FBI en 1999, il évite toute capture pendant plus de dix ans avant d'être finalement arrêté en 2011.

La Vierge en trois mots

Alors, c'est comment d'être la casse-pieds officielle du zodiaque ? Depuis le temps, tu es probablement habituée à être la cible de regards noirs dès que tu entres dans une pièce. Quand la Vierge débarque, tout le monde sait que la fête est terminée.

Ce n'est pas souvent qu'on voit quelqu'un d'aussi ouvertement critique et auto-dénigrante que toi. Mais on t'accorde des points bonus car tu es aussi dure avec toi-même qu'avec les autres, non pas que tu aies l'habitude de t'accorder le moindre crédit. Tu as plus tendance à mariner dans ton coin et à perfectionner ton chef-d'œuvre sans jamais oser le montrer au public de peur qu'il ne soit pas à la hauteur. Malheureusement pour ton entourage, tes standards impossibles ne te sont pas réservés, et ta tendance à la méchanceté sous couvert d'honnêteté a poussé tes amis à arrêter de te demander ton avis il y a bien longtemps. Mais peu importe, tu le donnes quand même. Tu es bien déterminée à exprimer tes critiques, qu'elles soient bienvenues ou non. C'est sûrement pour ça que ton cercle est si restreint – ça fait longtemps que ceux qui ne peuvent pas tenir la distance ont quitté la course.

PERFECTIONNISTE

Qu'est-ce qu'il y a de mal à vouloir être parfaite, te demandes-tu tout en peaufinant le 50e brouillon d'un e-mail que tu dois envoyer à toute ton entreprise sur la manière optimale de référencer un document. En vérité, ta position de perfectionniste du zodiaque signifie malheureusement que ta peur d'échouer t'empêche d'accomplir quoi que ce soit. Rien n'est assez bien pour toi : tu passes des jours et des jours à fignoler d'anciens travaux plutôt que de te lancer dans de nouveaux projets. Ton œil aiguisé et analytique fait de toi une excellente éditrice (ou contrôleuse des impôts) puisque tu adores décortiquer et corriger des documents pendant des heures, au moins tout autant que tu adores faire remarquer ses erreurs à l'auteur, avec le moins de tact possible.

PÉDANTE

Si ton perfectionnisme ne suffit pas à empêcher toute notion de progrès ou d'avancée, ton attitude suffisante achèvera d'y parvenir. Ceux qui te connaissent savent que s'engager dans une conversation avec toi les condamne à un cycle infini de corrections microscopiques, tout autant de grains de sable dans les rouages de votre discussion. Tu es physiquement incapable de ne pas relever un mot utilisé dans le mauvais contexte ou une structure de phrase maladroite, même quand le sens est clair pour tout le monde. Chaque échange est une opportunité d'étaler ton intellect comme de la confiture et de rabaisser les autres par la même occasion. Une fois que tu auras fini de décortiquer son récit, ton collègue regrettera amèrement d'avoir accepté de te raconter son week-end. C'est de sa faute, il n'avait qu'à pas utiliser le mot « littéralement » dans une métaphore. N'importe quoi.

PESSIMISTE

Quand tu ne parviens pas à signer la mort d'un projet en pointant du doigt toutes ses failles, tu sors ton arme fatale : une liste de tout ce qui pourrait mal se passer. Bien sûr, tu pourrais utiliser tes compétences analytiques incroyables pour solutionner la faim dans le monde, mais pourquoi te donner ce mal quand tu peux argumenter que ça ne ferait que contribuer au problème de surpopulation terrestre ? Tu maîtrises parfaitement l'art de trouver à redire sur tout, d'un nouveau restaurant à tester à la décision de ton amie d'adopter un chien. Tu ne vas quand même pas garder pour toi la fois où ta tante s'est rendu compte que le chiot qu'elle avait recueilli avait des problèmes d'incontinence qu'il a fallu résoudre avec une opération très coûteuse… Comment ? Tu essaies juste d'aider ? À d'autres.

Position de la Vierge

Si la Vierge est un signe plutôt subtil, ça ne veut pas dire que tu n'en ressentiras pas les effets si elle est présente dans ton thème astral. Rien ne l'arrête dans ses objectifs : elle parviendra à t'atteindre quoi qu'il arrive.

LUNE EN VIERGE

Si ta lune est en Vierge à ta naissance, ça signifie que ton monologue interne n'est qu'un flot incessant de critiques. Tu as peut-être l'air impliquée dans ta conversation, mais tu ne cesses de remarquer dans ta tête toutes ces choses qui ne vont pas dans ton environnement (ces sorties de secours ne sont pas en règle), chez tes interlocuteurs (sa coupe de cheveux est un peu ratée, non ?) et surtout, chez toi (pourquoi j'ai dit ça, est-ce qu'on m'aime vraiment, je suis sûre qu'ils font semblant…). Franchement, c'est déprimant.

VÉNUS EN VIERGE

Ceux dont la Vénus est en Vierge se qualifient de « rationnels » en amour. Tu es plutôt une cynique défaitiste qui ne voit que les raisons pour lesquelles ça ne peut pas fonctionner. Tu détestes tout ce que les autres trouvent romantiques, comme la passion, l'affection et les gestes spontanés. Tu préfères quelqu'un qui saura remplir méthodiquement tous les critères du partenaire parfait que tu as listés dans le tableau Excel que tu as créé à l'âge de dix ans. Au moins, personne ne peut te reprocher de ne pas savoir ce que tu veux.

ASCENDANT VIERGE

Si ton ascendant est Vierge, ça indique que les autres te voient comme un tyran maniaque qui devrait vraiment se détendre deux secondes. Alors oui, ils savent qu'ils peuvent compter sur toi quand il s'agit de travail ou d'organisation, mais cette confiance ne s'étend pas à un contexte social. Tu devrais peut-être te reconvertir dans l'organisation de fêtes, ils seraient obligés de t'inviter.

La Vierge en amour

C'est avec la critique que la Vierge exprime son amour. Obnubilée par la perfection, tu ne tolères rien de moins que le meilleur chez les autres, et surtout chez tes malheureux prétendants. Ceux qui s'engagent dans une relation avec toi doivent s'attendre à peu d'affection physique, mais beaucoup de chipotages et réprimandes. Ce n'est pas que tu n'aimes pas ça, mais il faut que ce soit fait très méthodiquement (avec une douche avant et après, évidemment). Tu apprécies l'opportunité de façonner tes partenaires à ton image et tu les remercies en les invitant à plonger avec toi dans ton éternelle négativité et ta morosité. Beaucoup finissent aussi découragés que toi.

LA VIERGE CÉLIBATAIRE

Par bien des aspects, une Vierge heureuse est une Vierge célibataire (s'il est toutefois possible de voir une Vierge heureuse). Tu es prête à rester seule à vie plutôt que de te contenter de quelqu'un qui ne correspond pas à tes attentes démesurées – du coup, tu cherches toujours.

Le célibat renforce également l'image négative que la Vierge a d'elle-même, aussi, tu te dis que tu mérites d'être seule jusqu'à ce que tu réussisses à atteindre cette perfection tant attendue. Dans ce cas précis, on ne peut pas dire que le malheur rapproche les gens.

LA VIERGE EN COUPLE

Toute personne en couple avec une Vierge est éligible à une compensation financière. Tu n'hésites pas à darder ton regard critique sur ceux que tu aimes ; surtout la personne qui partage ton lit (et gare à elle s'il est mal fait). Plus vous êtes proches, plus les réprimandes se font régulières. Tu dirais que tu es particulièrement attachée à la « vérité » dans une relation, mais il se trouve que la vérité telle que tu l'entends implique toujours que tu as raison. Tu préfères arrêter les frais plutôt que de trouver un compromis lors d'un désaccord. Ce n'est pas plus mal : cette relation te faisait perdre un temps précieux dans ta quête de perfection, de toute manière.

Les plus compatibles

Vierge + Poissons

Le rêve rencontre la réalité avec ces deux-là : ils parviennent à construire une relation tendre et stable. Le Poissons voit la vie en rose, aussi, il sait que le flot de critiques est une manière pour la Vierge d'exprimer son amour. Tant qu'elle lui assure une base solide sur laquelle construire (ce qui est bien le cas), la vulnérabilité légendaire du Poissons ne sera pas un problème. Ainsi, ses meilleures qualités sont mises en avant : compassion, empathie et optimisme. Il saura détourner la mentalité « verre à moitié vide » de la Vierge, tandis qu'elle lui fournira la structure dont il a besoin pour mettre en place ses grandes idées. Quiconque assure qu'un couple de rêveur et réaliste ne peut pas fonctionner n'a jamais rencontré celui-là.

Les moins compatibles

Vierge + Gémeaux

Le Gémeaux est tout simplement trop désordonné et imprévisible pour la Vierge. Elle cédera peut-être à l'attraction au début, le considérant comme un « projet » à façonner selon ses standards, mais réalisera bien vite que ce signe ne saurait être domestiqué. De plus, le Gémeaux aime débattre, une activité qu'il considère comme un simple exercice intellectuel sans se rendre compte que c'est douloureux pour les autres. Sans parler de sa tendance à laisser la vaisselle sale s'accumuler… Il ne passera jamais la porte de la Vierge.

Vierge + Sagittaire

Quelqu'un d'encore plus méchant que la Vierge ? Non merci. Quand Vierge et Sagittaire se retrouvent, c'est souvent sur le ring (et pas de manière sexy avec de l'huile). Tous deux se targuent d'être honnêtes avec leurs remarques bien senties, ce qui finit généralement en insultes indignes d'eux. Même s'ils pensent tout simplement participer à une joute verbale, ils sont sûrs de se faire du mal. Mieux vaut qu'ils s'évitent, ils sont assez durs avec eux-mêmes sans en rajouter.

Vierge + Verseau

Difficile pour la Vierge et le Verseau d'accorder leurs violons dans la mesure où leur vision des choses est si différente. D'un côté, le Verseau voit grand, il est optimiste et garde l'espoir de voir venir un monde meilleur. De l'autre côté, la Vierge est une grande pessimiste incapable de passer outre les imperfections du présent. Leurs perspectives opposées finissent par les rendre chèvres. La Vierge refuse d'entendre les fantasmes idéalistes du Verseau, qui en retour ne saura pas revenir sur terre assez longtemps pour aider la Vierge sur les tâches très concrètes du présent, comme faire les courses ou plier le linge.

LA VIERGE AU TRAVAIL

C'est là que la Vierge s'épanouit (et atteint des sommets de maniaquerie). D'un côté, personne ne peut t'accuser de ne pas travailler assez dur, mais de l'autre, ton éthique de travail est complètement délirante. Tu crois que personne n'est aussi dévoué, intelligent ou logique que toi, et donc, seule ton opinion compte. Même ta direction n'est qu'un obstacle sur le chemin de l'excellence, et tu ne vois pas d'inconvénient à laisser de côté ses instructions si tu n'es pas d'accord. Tes collègues savent d'avance qu'il faut prévoir une heure de réunion en plus quand tu es là, car tu ne peux pas t'empêcher de pinailler sans fin avec tes questions et précisions. Ils savent aussi qu'il vaut mieux éviter de te demander conseil ou de l'aide sur un projet ; noyés dans l'océan rouge de ton stylo, ils en ressortiraient plus démoralisés qu'inspirés. Tu chéris la critique, mais qu'elle soit « constructive » ou non, ce n'est pas vraiment ton problème. En outre, ta réputation procédurière te précède, personne ne veut traîner avec toi de peur que tu dénonces le moindre de leurs écarts. Ils peuvent te demander de réorganiser la salle de pause, mais tout le monde roule des yeux au ciel à l'unisson en recevant ton e-mail sur le protocole optimal de rangement des Tupperware dans la cuisine.

LA VIERGE EN FAMILLE

Personne ne peut être parfait dans une famille, mais ça n'empêche pas la Vierge d'essayer. Tu es la petite chouchoute, tu ne recules devant rien pour être considérée comme le membre de la famille le plus accompli, serviable et utile. Alors bien sûr, tu es la préférée de ta mère, mais tout se transforme doucement en rivalité perpétuelle. Contrairement au Bélier, qui affiche clairement et bruyamment son esprit de compétition, tu joues discrètement les martyrs tout en étant intimement persuadée que tu es au-dessus des autres. Si tes cousins ou frères et sœurs proposent d'aider à débarrasser la table en même temps que toi, tu leur feras regretter avec ton flot incessant de petits commentaires. Si tu aimes à penser que tu es quelqu'un d'altruiste, humble et dévoué à sa famille, en vérité, ils ne sont pour toi que des pions dans ta stratégie pour construire ton image de fille parfaite. Dans ta quête de performance, tu ne tolères pas que d'autres membres de ta famille vivent selon d'autres standards que les tiens et tu fais tout ce qui est en ton pouvoir pour les ramener à la raison. Si quelqu'un de ton sang est capable de s'amuser, ça voudrait dire que toi aussi ; et ça, c'est impensable.

LA VIERGE À LA MAISON

Sobre, propre et fonctionnel. Murs blancs (ou crème). D'aucuns décriraient le style de la Vierge comme minimaliste, mais chiant et clinique serait plus proche de la vérité. Tu apprécies de vivre dans un environnement qui reflète tes standards de propreté, c'est-à-dire impeccable. Du canapé aux murs en passant par les draps (parfaitement pliés), tout est choisi pour donner l'impression que personne n'a jamais mis les pieds ici, encore moins vécu dedans. Le désordre t'insupporte, chaque objet a sa place attitrée et doit y retourner après chaque usage. Tout est étiqueté dans la cuisine, même si tu vis seule. Tes invités vivent dans la peur constante de salir ou de détériorer quoi que ce soit dès qu'ils passent ta porte. La moindre tâche accidentelle peut interrompre un dîner entre amis pour une durée indéterminée, puisque tu dois immédiatement te lancer dans un plan de nettoyage en cinq étapes. Comme quoi, avec toi, impossible d'être copains comme cochons.

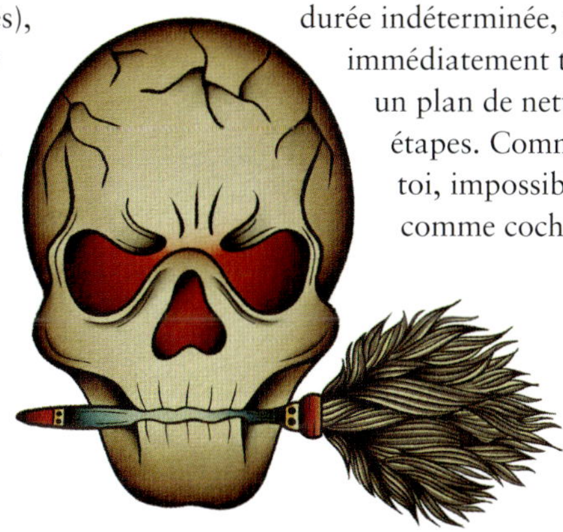

LA VIERGE EN VOYAGE

Pourquoi s'embêter à embaucher un agent de voyages quand on part avec une Vierge ? Question piège : parce qu'au moins, l'agent de voyages ne vous suit pas partout en insistant pour que son itinéraire soit suivi à la lettre. Par défaut, tu te prépares toujours au pire et cette tendance s'aggrave quand tu voyages. Tu fais partie de ces gens qui vérifient leur billet d'avion toutes les quinze minutes (oui, c'est bien le bon aéroport) et qui ne quittent pas leur passeport des yeux. Une fois arrivée à l'hôtel, tu refuses de déballer tes affaires avant d'avoir vérifié que chaque recoin de la chambre est propre, qu'il n'y a pas de punaises de lit, et que l'accueil accepte de te réveiller à 6 heures du matin pour le premier créneau de visite du musée que tu as réservé il y a six mois. Pour toi, la priorité de ces vacances, c'est d'être efficace, et non pas de se détendre, ce qui signifie que tu passes plus de temps sur l'itinéraire et l'organisation que sur le plaisir d'être là, et tu partiras forcément déçue parce que quelque chose ne s'est passé comme tu l'avais prévu. Au moins, tu ne bassines personne sur les réseaux sociaux avec tes photos de vacances, tu es trop occupée à rédiger un avis impitoyable sur la qualité des serviettes de ton hôtel.

Les deux côtés de la Vierge

La Vierge compte bien sûr parmi les signes féminins du zodiaque, mais ça n'empêche pas son côté masculin de pointer le bout de son nez de temps en temps – ne serait-ce que pour aller travailler. On parle de la Vierge, après tout. Voilà les deux facettes de ce signe que l'on peut rencontrer selon les jours.

VIERGE EN « *DARK MASCULINE* »
Du côté obscur masculin, tu ne te préoccupes que du travail et de tes ambitions sur le long terme. Tu n'hésites pas à aboyer sur le bas peuple (= le reste du monde) et à le menacer des conséquences qui l'attendent s'il te tape sur les nerfs. Comme un père distant et impossible à satisfaire, la Vierge qui tend vers son côté obscur masculin se mure dans un silence stoïque. Elle n'a rien de gentil à dire, et donc elle ne dit rien.

VIERGE EN « *DARK FEMININE* »
Du côté obscur féminin, tu ne laisses paraître tes sentiments qu'à travers un mur d'indices passifs-agressifs : par exemple, tu repasses derrière celui qui a fait la vaisselle parce que tu la juges mal faite. Quand ton énergie est féminine, tu passes ton temps à réorganiser ton espace en boucle, quitte à tout recommencer à l'apparition du moindre grain de poussière. Timide et réservée, tu ne diras jamais clairement à tes invités d'enlever leurs chaussures dans l'entrée, mais ils comprendront le message quand tu commenceras à passer la serpillière à la seconde où la porte se sera refermée derrière eux.

Cuspide Vierge

FRONTIÈRE VIERGE – BALANCE
(19 SEPTEMBRE – 25 SEPTEMBRE)

En tant que signe de terre, la Vierge aime observer le monde autour d'elle, tandis que la Balance, signe d'air, préfère garder la tête dans les nuages. Sous leur influence commune, tu deviens une spectatrice froide et détachée de ton environnement, prête à juger depuis les gradins. Tu es convaincue d'avoir la science infuse, mais tu n'es pas assez impliquée émotionnellement pour en faire bénéficier ton entourage. Au lieu de ça, tu concentres ton regard critique sur ta personne : tu peaufines constamment ton apparence avec le soin d'un chirurgien qui se prépare à une opération à cœur ouvert. Dommage que l'enjeu soit juste d'assortir ton haut et tes chaussures.

Coucou, Balance...

Ne fais pas l'innocente, ça ne marchera pas ici. Tu as peut-être convaincu le reste du monde que tu n'es qu'une petite fille sans défense, mais la vérité, c'est que tu n'es pas l'étourdie discrète et humble que tu prétends être. Tu es calculatrice, un vrai requin stratège qui attend dans l'ombre que la partie se termine pour déclarer ton soutien au vainqueur. Ton indécision légendaire ne vient pas de ta volonté d'être juste, comme on pourrait le penser, mais plutôt d'une peur profonde de passer à côté de quelque chose. Avec ton signe d'air, tu rêves de passer ta vie à butiner de fleur en fleur plutôt que de te laisser clouer au sol par des concepts terrestres comme l'engagement ou la loyauté. Mais bon, au moins, tu es mignonne.

DATES DE NAISSANCE
23 septembre – 22 octobre

SYMBOLE
Une balance

PLANÈTE MAÎTRESSE
Vénus

ÉLÉMENT
Air

MODALITÉ
Cardinal

SIGNE OPPOSÉ
Bélier

ENNEMI MORTEL
Capricorne

BÊTE NOIRE
Les disputes, la déco ringarde, les contrats stricts et la mise à l'écart

5 BALANCE CÉLÈBRES

Les Balance glamour peuvent bien se vanter d'avoir quelques noms nobles parmi elles, notamment Serena Williams et Bruce Springsteen, mais elles sont mieux représentées par ces personnalités qui ont plus brillé par leurs vils actes :

1 **F. Scott Fitzgerald (24 septembre 1896)**
Romancier américain à qui l'on doit *Gatsby le Magnifique*. Il a tiré son inspiration (et quelques dialogues) directement des journaux intimes de sa charmante femme, Zelda, avant de l'abandonner dans un hôpital psychiatrique.

2 **Bonnie Parker (1er octobre 1910)**
Braqueuse de banques américaine qui a suivi son amant, Clyde, dans un tourbillon d'aventures criminelles pour la gloire et l'argent.

3 **Lynette Alice « Squeaky » Fromme (22 octobre 1948)** Membre de la « Famille Manson », condamnée à perpétuité en 1975 pour tentative d'assassinat sur le président américain Gerald Ford.

4 **Kim Kardashian (21 octobre 1980)**
Star de téléréalité propulsée sur le devant de la scène suite à la diffusion d'un certain enregistrement, après des débuts en tant que meilleure amie et gestionnaire de la penderie de Paris Hilton.

5 **Richard III (2 octobre 1452)**
Dernier roi d'Angleterre de la maison d'York, dépeint comme un tyran difforme par Shakespeare dans la pièce éponyme. Il est dit que Richard a commandité la mort de ses deux jeunes neveux pour conserver le pouvoir.

La Balance en trois mots

On t'a probablement déjà dit que tu étais étourdie, tête en l'air ou distraite. C'est ce que les gens peuvent dire de plus gentil, Balance. En vérité, tu es charismatique mais tu joues les ingénues pour éviter les responsabilités. Tu es la complaisance incarnée, tu racontes aux autres ce qu'ils veulent entendre tout en masquant tes véritables opinions. La Balance est la médiatrice du zodiaque, ce qui pourrait être une bonne chose si ce n'était pas ancré dans le besoin compulsif de maintenir le *statu quo* à tout prix, même si ce n'est qu'une illusion. Tu fais tout ce que tu peux pour apaiser les tensions autour de toi et préserver l'harmonie, quitte à changer complètement de discours d'une personne à l'autre. Aussi, tu fais toujours bonne impression – tu charmes ton monde sans difficulté. Mais quand on apprend à te connaître, on réalise que tu ne te souviens jamais d'aucune discussion, car tout est trop superficiel. Ta capacité divine à t'en sortir avec un gloussement et un « oups » est une chance, parce que tu y as souvent recours.

INDÉCISE

Même les horoscopes les plus sympas se doivent de mentionner le syndrome de l'indécision de la Balance. Tu as peur en permanence de passer à côté de quelque chose, aussi tu procrastines et soupèses tes options dès que tu as un choix à faire, paralysée par la peur de rater un truc si tu choisis B au lieu de A. Ton pire ennemi, c'est le buffet à volonté ; tu es bien capable de mourir de faim en attendant de décider quoi prendre en premier. Cette tendance est exacerbée dans les conflits humains que tu peux rencontrer. Tes amis savent que ça ne sert à rien de te demander ton avis sur quoi que ce soit : tu sais slalomer comme une championne de ski de fond pour éviter d'être confrontée et de devoir choisir un camp. Tout est permis, le flirt, la bouderie et même le mensonge.

SUPERFICIELLE

Chez la Balance, tout est question d'apparences : tu ne t'embêtes pas à gratter la surface du moment que les choses ont l'air d'aller et que la mer est calme à première vue. L'important, c'est l'impression que l'on donne. Ton signe est représenté par une balance, ce qui pourrait suggérer un symbolisme de justice et d'équilibre, mais tu ne te préoccupes pas de savoir si ça colle ou non à la réalité. Tu es l'experte absolue quand il s'agit de mettre la poussière sous le tapis quand les invités arrivent, et d'oublier qu'elle s'y trouve toujours car tu es trop absorbée par ton propre reflet.

MORALISATRICE

Vu ta préoccupation pour les apparences, ça tombe sous le sens que tu ne te prives jamais de les juger. Tu es en profond désaccord avec l'idée que « l'habit ne fait pas le moine » : l'habit fait absolument tout. Tu détailles chaque nouvelle rencontre de la tête aux pieds et tu prends bonne note de tout ce qui ne va pas, jusqu'au détail le plus insignifiant. Toute personne, chose ou endroit qui dévie de tes critères de beauté ou que tu considères trop ordinaire se voit durement rabroué. Le diamant est vraiment le meilleur ami de la Balance, et plus il brille, mieux c'est.

Position de la Balance

La Balance étincelante sait capter l'attention de son entourage, aussi, si elle est présente quelque part en *Big* 3, tu n'échapperas pas à son influence. Voilà un résumé un peu superficiel de la signification de la Balance dans ton thème astral – à son image.

VÉNUS EN BALANCE

Vénus règne en maître chez la Balance, toute personne qui a Vénus en Balance est donc l'incarnation d'Aphrodite en personne : sublime, égoïste et parfaitement capable de déclencher la guerre de Troie sur un coup de tête avant de changer d'avis en blâmant Hélène. Ton magnétisme romantique attire bien des prétendants dévoués, mais le pauvre Pâris ne réalise pas encore que ta faveur est volage et qu'elle signera sa fin plus sûrement qu'une flèche de Philoctète.

ASCENDANT BALANCE

Si tu es ascendant Balance, alors le monde extérieur te voit comme une étourdie capricieuse et arriviste à la conversation superficielle, plutôt que comme une personne qui exprime ses opinions et qui a de la profondeur. Bien sûr, ça peut aussi vouloir dire qu'on te considère comme amusante et sympathique, comme souvent les gens sans saveur, et tu es toujours invitée aux soirées. Mais dès qu'un ami a besoin d'un avis honnête ou d'une discussion sérieuse, tu es bien la dernière à qui on pourrait faire appel.

LUNE EN BALANCE

L'introspection de la lune en Balance est très simple : tout tourne autour de toi. Nombriliste comme personne, tu ne te préoccupes que de tes objectifs, ta réputation, ton bien-être et rien d'autre. Tu passes ton temps à élaborer des stratégies pour impressionner ton entourage et n'hésites jamais à changer des éléments clés de ta personnalité pour y parvenir. Le plus souvent, tu te retrouves déconnectée et perdue, puisque tu changes constamment de cap pour aller dans le sens du vent. Heureusement que tu as du charme !

La Balance en amour

Égocentrique, la Balance sera toujours plus amoureuse de son reflet dans le miroir que de n'importe qui d'autre. Dans un monde parfait, tu consacrerais ton existence à collectionner les admirateurs comme des pierres précieuses plutôt que de te poser. Ça impliquerait de faire un choix, et on sait que tu détestes ça. Experte en flatterie et en séduction, tu sais parfaitement charmer en un clin d'œil tous ceux que tu croises, qui seront éblouis par l'intensité de ton regard. Ils ignorent évidemment que tu ne fais qu'admirer ton reflet dans leurs yeux.

LA BALANCE CÉLIBATAIRE

Une Balance n'est jamais vraiment célibataire, tu te contentes de butiner d'un prétendant à l'autre en évitant perpétuellement de t'engager. Ton signe impassible s'épanouit dans les débuts d'une relation quand tout est léger, et tu ne feras que t'éloigner au fur et à mesure que ton partenaire tente de passer aux choses sérieuses. Plus il insiste, plus tu deviens froide et insensible, jusqu'à finalement disparaître sans un mot. Brillante, transparente et sans substance : quelque part, la Balance est le fantôme du zodiaque.

LA BALANCE EN COUPLE

Réussir à faire s'engager une Balance demande un degré de détermination rare, qui implique souvent un flot ininterrompu de compliments et cadeaux. Tes standards sont élevés : comme un chat de salon, tu veux être chouchoutée, câlinée et admirée sans obligation de donner quoi que ce soit en retour. Même si tu sembles complètement investie dans la relation, tu as généralement un pied dehors, toujours à l'affût de meilleures opportunités. Tu es facile à conquérir et facile à perdre, aisément distraite par quelque chose de plus brillant ailleurs. Tu es du genre à collectionner les bagues de fiançailles ; elles te vont si bien !

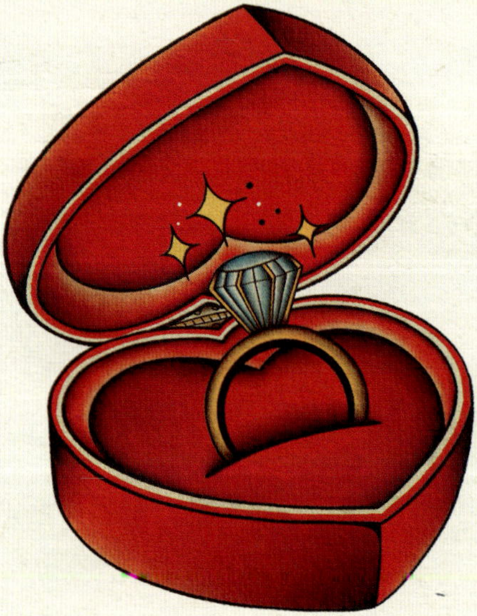

Les plus compatibles

Balance + Sagittaire

L'air et le feu font généralement bon ménage, aussi, la Balance et le Sagittaire fonctionnent particulièrement bien ensemble. Tous deux sont des créatures sociales, et l'humour du Sagittaire garantit que toutes les conversations restent légères, exactement comme la Balance les aime. Le Sagittaire adore la phase de séduction, aussi, l'indécision et les hésitations de la Balance ne seront pas un problème, et lorsqu'elle refuse de s'engager ou qu'elle n'honore pas une promesse, la nature insouciante du Sagittaire lui permet de ne pas s'en formaliser (ce dont il va avoir grandement besoin).

Les moins compatibles

Balance + Vierge

Toutes deux perfectionnistes, elles pourront être attirées l'une par l'autre au début : la Vierge appréciera l'apparence soignée de la Balance, qui en retour appréciera la propreté des surfaces chez la Vierge (très pratique pour s'admirer dedans). Cette affection initiale fanera rapidement une fois qu'elles gratteront le vernis et réaliseront que leurs visions du monde sont diamétralement opposées : la Vierge se sentira frustrée et trahie, la Balance sera déconnectée et désinvolte. Après tout, la Vierge attend que les promesses et les engagements soient tenus, ce que la Balance est incapable de garantir. Elle n'a pas non plus la force de conviction nécessaire pour satisfaire la Vierge.

Balance + Bélier

L'attitude ouvertement conflictuelle et directe du Bélier est synonyme de trop de confrontations pour la Balance qui privilégie la légèreté et l'harmonie. Si elle apprécie l'attention et la dévotion du Bélier durant la phase de séduction, ça tourne mal quand la jalousie du Bélier se heurte au refus de la Balance d'entrer dans le conflit. Quand le Bélier réalise combien d'admirateurs se battent pour l'amour de la Balance, il partira sans demander son reste, et le plus souvent, sans même dire au revoir.

Balance + Balance

Difficile de se regarder l'un l'autre (ou dans la même direction) quand chacun est trop occupé à s'admirer de son côté. Une Balance ne pourra jamais fournir à une autre Balance l'adoration dont elle a besoin. Elles sont toutes les deux trop souvent devant le miroir pour remarquer la présence de leur partenaire. Mais ce qui les séparera à coup sûr, c'est le manque de communication : aucune ne sera en mesure d'exprimer à l'autre ses véritables sentiments, ce qui entraînera des rancœurs et du ressentiment, toujours traités de manière passive-agressive. Il n'y aura pas de confiance, et comment serait-ce possible ? Elles savent à quel point leur partenaire est susceptible de s'égarer : ça leur est déjà si souvent arrivé.

LA BALANCE AU TRAVAIL

Pas de problème, tu sais cacher ta paresse en te montrant très occupée dès que ton boss pointe le bout de son nez. Mais si on regarde ton écran, on se rendra très vite compte que le « travail très important » qui t'a pris toute la journée, c'est plutôt les soldes en ligne. Dans un monde idéal, tu serais une potiche glorifiée ou une courtisane, qui ont en commun le fait de considérer leur travail comme un moyen de passer le temps jusqu'à rencontrer celui ou celle qui prendra soin d'elle. Ta nature charmante et agréable propre à la Balance te rend très populaire auprès de tes collègues, du moins jusqu'à ce qu'ils aient besoin de ton aide ou de ton avis. Tu éviteras de devoir prendre position par tous les moyens, quitte à repousser des tâches importantes pendant des mois. Quand des tensions se font sentir au bureau, tu te caches dans la salle de pause en priant pour que personne ne remarque que tu joues double jeu depuis le début. Si on te confronte, tu battras des cils, useras de l'autodérision et de larmes de crocodile pour faire oublier aux RH la raison pour laquelle ils t'ont convoquée. Mission accomplie !

LA BALANCE EN FAMILLE

Bien sûr, tu t'entends très bien avec tout le monde, mais seulement parce que personne ne sait ce que tu penses vraiment. On peut compter sur toi pour déminer les conflits familiaux ou apaiser les conversations avec ton oncle durant un dîner. Ce que les autres ne voient pas, c'est que Mademoiselle Toute Gentille est juste une façade que tu construis pour t'assurer d'avoir la plus grosse part de l'héritage et d'être la préférée de tous. Tes frères et sœurs en sont bien conscients : depuis toujours, tu leur promets d'assurer leurs arrières mais tu n'hésites pas à les balancer aux parents dès qu'ils ont le dos tourné pour te faire bien voir. Ton besoin de plaire est particulièrement viscéral avec tes parents. Lorsque le conflit prend des proportions démesurées, tu changes de stratégie : tu te caches. Tu es prête à sauter une fête de famille (ou plusieurs) si ça te permet d'éviter une conversation difficile.

LA BALANCE À LA MAISON

Pour la Balance férue de beauté que tu es, rien n'est plus agréable que de décorer ton espace à ton (excellent) goût, puis de vanter les résultats à ton entourage en organisant des soirées très sophistiquées. Tu as bien sûr la science infuse en matière d'art, de musique et de design, et tu as la bonté d'âme de partager ton savoir avec ceux qui n'ont pas la chance d'avoir tes talents. Ça fait de toi la critique silencieuse incarnée : tu ne peux pas t'empêcher de juger chaque espace dans lequel tu mets les pieds, en notant dans ta tête chaque meuble un peu ringard ou pire, chaque cadre un peu de travers. Le foyer est synonyme de paix et de symétrie à tes yeux, par conséquent, tu méprises les voisins bruyants ou la pelouse mal tondue. Bien que tu ne te confrontes jamais à eux en personne, tu te plains à la copropriété tout en feignant l'innocence lorsque ta vieille voisine d'en face reçoit un avertissement pour « infraction aux normes de boîte aux lettres ».

LA BALANCE EN VOYAGE

Comme ça, la Balance a l'air d'être une agréable camarade de voyage, mais que nenni ! N'importe qui avec un peu d'expérience sait que c'est un enfer de partir en vacances avec toi. Tu dis tout haut que tu n'as pas de préférence pour le restaurant, le logement, l'itinéraire, mais tu penses tout bas que rien n'est à ton goût et tu le fais sentir. Pire encore, tu te donnes pour mission de faire perdre le plus de temps possible à tout le groupe en débattant des heures sur la moindre décision, d'où manger jusqu'à quelle babiole inutile ramener en souvenir. Tu te fais des amis partout, ce qui est plutôt cool, mais ton attitude sympathique s'accompagne malheureusement d'un sévère manque de jugeote qui te rend particulièrement vulnérable aux arnaqueurs et pickpockets en tous genres. Une minute, tu discutes gentiment avec un guide touristique vraiment sympa devant le Louvre, et celle d'après, tu te retrouves à l'ambassade parce que tu as « perdu » les passeports de tout le monde. C'est ça de voyager avec l'écervelée du zodiaque !

Les deux côtés de la Balance

Bizarrement, la Balance est plutôt considérée comme un signe masculin au sein du zodiaque, peut-être parce qu'elle porte sa féminité comme une arme de guerre. Cela étant, la Balance a comme les autres un côté obscur masculin et un côté obscur féminin, prêts à se manifester à tout moment.

BALANCE EN « *DARK MASCULINE* »

Confiance en soi, fiabilité, sensibilité : tous trois manquent cruellement à la Balance qui a choisi de se connecter à son côté masculin. Tu es du genre à planifier un rendez-vous galant, confirmer ta présence plusieurs fois, puis annuler brutalement à la dernière minute alors même que ton partenaire est déjà en chemin.

BALANCE EN « *DARK FEMININE* »

Le côté obscur féminin de la Balance s'exprime plutôt à travers une attitude perpétuellement perplexe et étourdie, qui n'est en vérité qu'une façade. Tu manipules ton monde d'une main experte pour obtenir ce que tu veux, sans jamais exprimer clairement tes envies et ambitions. Tu préfères poser une longue suite de pièges et énigmes pour voir si tes partenaires te comprennent et réussissent l'examen qu'ils ne savent même pas qu'ils sont en train de passer. Malheureusement, dans ces conditions, l'échec est quasi assuré.

Cuspide Balance

FRONTIÈRE BALANCE – SCORPION (19 OCTOBRE – 26 OCTOBRE)

La Balance n'est que légèreté et frivolité tandis que le Scorpion est sombre et boudeur. L'air de la Balance et l'eau du Scorpion donnent une tempête difficilement arrêtable. Ça se manifeste chez toi par un besoin viscéral de maintenir un certain mystère tout en ayant des préoccupations très superficielles. Tu gardes jalousement tes secrets et tiens les autres à distance pour ne donner qu'un avant-goût, probablement parce que tu sais qu'une fois à table, ils réaliseront qu'il n'y a pas grand-chose à se mettre sous la dent.

Coucou, Scorpion...

Ton signe a souvent mauvaise réputation, et tu adores ça. Ce n'est pas très dur d'identifier ton côté sombre : c'est ton seul côté. Si on te qualifie de génie diabolique, tu le prends comme un compliment. Aucun secret n'est trop juteux, aucun geste n'est trop déplacé, aucune torture n'est trop tordue pour ton esprit impitoyable. D'ailleurs, rien ne te plaît plus que de voir les autres mal à l'aise. Tu mets ta cruauté et ta capacité d'intimidation au service de sévices psychologiques pour empêcher ton entourage de te voir tel que tu es : un enfant qui manque de confiance en lui et qui se fait passer pour plus grand et fort qu'il ne l'est. Heureusement, ta personnalité toxique suffit généralement à éloigner les gens.

5 SCORPION CÉLÈBRES

Les Scorpion rêvent de célébrité et de gloire et sont prêts à tout pour y arriver, même le pire. Ils sont donc nombreux à pouvoir être nommés dans cette liste. Voici quelques-uns des Scorpion qui ont réalisé leurs rêves d'immoralité.

1 **Marie-Antoinette (2 novembre 1755)**
Toute dernière reine de France dont l'amour des jolies choses et l'insensibilité aux souffrances de son peuple ont mené à son exécution durant la Révolution française.

2 **John Gotti (27 octobre 1940)**
Malfrat américain à la tête de la mafia Gambino à New York, réputé pour être le plus puissant et impitoyable parrain de l'histoire.

3 **Larry Flynt (1er novembre 1942)**
Éditeur américain et fondateur du magazine *Hustler* et de trois chaînes de télé pornos. Sa cupidité et son obsession pour la célébrité l'ont poussé à franchir certaines limites, notamment en publiant des photos dénudées de Jackie Kennedy en 1975.

4 **Christophe Colomb (31 octobre 1451)**
Explorateur italien qui a « découvert » le Nouveau Monde en dépossédant les populations natives de leurs terres. Ses aventures ont entraîné la destruction de plusieurs civilisations indigènes.

5 **Kris Jenner (5 novembre 1955)**
Manager et mère des Kardashian qui gère et exploite la vie de tous les membres de sa famille. Elle a inspiré le dicton « Le diable travaille dur, mais Kris Jenner plus dur encore ».

DATES DE NAISSANCE
23 octobre – 21 novembre

SYMBOLE
Un scorpion

PLANÈTE MAÎTRESSE
Pluton

ÉLÉMENT
Eau

MODALITÉ
Fixe

SIGNE OPPOSÉ
Taureau

ENNEMI MORTEL
Poissons

BÊTE NOIRE
Les bavardages, les idiots, les annulations de dernière minute et les promesses non tenues

Le Scorpion en trois mots

Pour tout te dire, ça fait un peu peur de dire du mal de toi, Scorpion. On sait que tu prendrais un malin plaisir à planifier ta vengeance, mais tes tactiques d'intimidation ne marcheront pas. Le zodiaque est vraiment en présence de son plus grand méchant, et ça t'amuse beaucoup d'effrayer tous ceux que tu rencontres. Le principal talent de ton signe boudeur et accro au sexe est de mettre les autres mal à l'aise, et rien n'est hors limites ou trop tabou. Tu as perfectionné depuis longtemps ton regard noir, dont tu uses et abuses pour garder les gens à distance contrôlée. Le peu d'amis que tu as savent qu'il vaut mieux éviter de creuser trop loin dans ton esprit, même si tu n'hésites pas, en retour, à les pousser à te confier leurs secrets les plus inavouables pour ta macabre collection. Si d'aventure quelqu'un arrivait à te faire baisser ta garde, il serait trop tard pour revenir en arrière. Tu considères tes proches comme des possessions à garder sous clé, et tu les protégeras à tout prix et malgré eux. On pourrait dire qu'avec toi c'est « à la vie à la mort », mais tu as sans nul doute déjà pris tes dispositions pour te mettre la Faucheuse dans la poche.

POSSESSIF

On ne pense pas se tromper en disant que tes premiers mots étaient « à moi », Scorpion. Tu as le signe le plus possessif du zodiaque, et quand tu mets la main sur quelque chose, tu ne le laisses plus jamais s'échapper – en dépit de ses nombreuses tentatives. Cela s'accompagne d'une grande jalousie : tu te mets très facilement en rogne dès que quelqu'un approche vers ton territoire durement conquis. Pot de colle ? Le mot n'est pas assez fort. Tu t'apparentes à de la Super Glue, prêt à clouer tes proches sur place dès que tu sens qu'ils se demandent si l'herbe est plus verte ailleurs. Comment ton meilleur ami ose-t-il envoyer un texto à quelqu'un d'autre en ta présence ? D'après toi, tu devrais être le seul numéro enregistré dans son téléphone.

ÉNIGMATIQUE

Le Scorpion se fait une joie de récolter les secrets des autres, mais ça ne veut pas dire qu'il est prêt à révéler les siens. Tu tiens à garder une aura constante de mystère et tu auras plus tendance à semer des indices sur ton « sombre passé », comme autant de miettes appétissantes qui ne mènent jamais à quoi que ce soit. Dans ton esprit tordu, tu es vulnérable face à la vérité, et ça t'est tout bonnement insupportable. Les gens se confient à toi car ils savent qu'ils peuvent te faire confiance, du moins jusqu'à ce qu'ils fassent un pas de travers. Là, tu utilises tous les moyens à ta disposition pour te venger, le plus lentement et douloureusement possible. Bien que tu te repaisses des vilains petits secrets des autres, tu protèges les tiens avec la ferveur d'un scorpion acculé. Gare à la piqûre si quelqu'un ose s'approcher !

AVIDE DE POUVOIR

Tu es connu pour ta quête de pouvoir. Malheureusement pour les autres, tu entends « pouvoir » au sens le plus machiavélien du terme. Tu uses et abuses de terreur et d'intimidation, aucune technique n'est trop cruelle ou barbare pour arriver à tes fins. Bien sûr, tu es expert en l'art de la manipulation subtile et tu es très satisfait de la sensation de supériorité intellectuelle que ça te procure. Mais quand ça ne marche pas, tu t'abaisses aux stratégies les plus viles pour soumettre tes ennemis et mettre à exécution ton plan pour dominer le monde.

Position du Scorpion

Si les cheveux des autres se dressent sur leur tête quand tu approches, c'est probablement parce que le Scorpion règne en maître dans ton thème astral. Tout troublant qu'il est, il n'a nul besoin d'être ton signe solaire pour s'insinuer dans ta vie et répandre ses mauvais desseins. Si tu as le Scorpion en *Big* 3, voilà ce qui t'attend.

LUNE EN SCORPION

Une lune en Scorpion signifie que ta vie interne est complètement tournée vers les ténèbres. Ton monologue intérieur est majoritairement composé de manipulation, de complots et de secrets jalousement gardés. Dans ton cercle d'amis, tu es l'accro au *true crime* qui en sait long sur les *serial killers* et leur mode opératoire, et le premier à organiser une séance de spiritisme. Personne ne serait surpris que tu te mettes à parler en énochien. Bref, tu fais peur à tout le monde.

ASCENDANT SCORPION

Si les gens fuient en hurlant quand tu débarques, ne cherche pas plus loin, c'est ton ascendant Scorpion. Auprès des autres, tu fais office de figure ténébreuse, intimidante et surhumaine qui a peut-être pactisé avec le diable pour obtenir des pouvoirs surnaturels. Ils sont intrigués par ton aura sexy, inquiétante et mystérieuse mais ne parviennent pas à dépasser la terreur et l'angoisse que tu inspires.

VÉNUS EN SCORPION

On parie que la seule raison pour laquelle tu lis ce livre, c'est pour débusquer l'âme sœur. Les Vénus en Scorpion sont obsédées par l'amour et la recherche de leur moitié parfaite. Tu plonges tête la première dans tes idylles et te laisses entièrement gagner par la passion dès que les étincelles se font sentir. Quand tu te lies à quelqu'un, tu donnes tout et attends que ton partenaire en fasse de même. Personne ne sera surpris de recevoir de ta part une invitation à un mariage éclair (ou plusieurs).

Le Scorpion en amour

Entre la haine et l'amour, il n'y a souvent qu'un pas avec toi, Scorpion. D'un côté, ton signe passionné adore tomber amoureux et tu es constamment en quête de l'âme sœur. De l'autre côté, ta profonde sensibilité et ta tendance à la jalousie peuvent transformer tes amants en ennemis au moindre faux pas. Tu as besoin d'intensité dans tous les aspects de ta vie, tu es donc attiré par les relations à haut potentiel émotionnel et sexuel. On parierait que tu as lu *Cinquante Nuances de Grey* et pensé que c'était trop chaste.

LE SCORPION CÉLIBATAIRE

Accro au sexe, le Scorpion est décidé à croquer la vie à pleines dents. Ton niveau de libido et ton besoin de toujours repousser les limites au lit frôlent la nymphomanie, et tu ne t'en caches absolument pas. Tu ne vois aucun inconvénient à ouvrir tes bras (entre autres) à un inconnu pour une nuit de folie avant de jeter ton dévolu sur quelqu'un d'autre la nuit suivante. Tu protèges ton propre cœur avec tant d'ardeur qu'on pourrait croire que tu ferais un peu plus attention avec celui des autres, mais à voir ta longue liste de coups d'un soir, on dirait que non.

LE SCORPION EN COUPLE

Contrairement à son animal totem, c'est à la vie à la mort pour le Scorpion. Sous l'influence de ton signe possessif et compulsif, tu cherches quelque chose de profond dans une relation, et tous tes partenaires sont des âmes sœurs potentielles. Hélas, dans ton monde, âmes sœurs veut dire que vous ne formez plus qu'un, quitte à sacrifier toute forme d'indépendance. Ta nature mystérieuse peut aussi entraîner des problèmes de confiance, et tu as tendance à partir au quart de tour à la moindre offense. Tes partenaires font souvent l'objet de tests soigneusement élaborés pour évaluer leur loyauté, récompensés par de longs silences de ta part en cas d'échec. Au lit, tu aimes repousser les limites, aussi tu as besoin de quelqu'un qui n'a pas froid aux yeux (et qui n'a pas peur des menottes).

Les plus compatibles

Scorpion + Cancer

Le Scorpion ne cherche pas juste l'âme sœur, il veut aussi un complice dans la vie. Il le trouve facilement chez le Cancer, également signe d'eau, qui se livre sans réserve à son partenaire Scorpion et passe tous ses tests avec brio. En outre, ce couple d'introvertis peut passer de merveilleuses soirées à la maison à planifier leur avenir… et leurs vengeances.

Les moins compatibles

Scorpion + Lion

Entre un signe d'eau et un signe de feu, il y a forcément des problèmes. Aucun compromis n'est possible avec ces deux assoiffés de pouvoir. Tous deux veulent avoir raison et préfèrent sacrifier leur relation plutôt que perdre la main. Le Scorpion jaloux a en horreur le besoin d'attention du Lion, et le Lion extraverti exècre le besoin de solitude du Scorpion. Malgré l'aura sexy et mystérieuse du Scorpion et la personnalité lumineuse du Lion, qui les rassemblent au début, ce couple n'est pas fait pour durer.

Scorpion + Balance

Si la Balance légère et pétillante insiste pour vivre une vie paisible et tranquille, c'est l'ennui assuré pour le Scorpion qui a besoin d'intrigue et d'excitation. La Balance cherche à éviter tout conflit, tandis que le Scorpion adore semer la pagaille et assister aux répercussions. L'inconstance de la Balance s'oppose au besoin de stabilité du Scorpion, et leur relation de confiance est constamment mise en difficulté par la nature séductrice de la Balance. Le Scorpion passe son temps à courir après sa moitié, donnant ainsi naissance à une frustration intense… et à un paquet de poupées vaudoues.

Scorpion + Verseau

Le Scorpion et le Verseau ont en commun leur mépris des conventions, mais leurs différences sont vouées à les séparer plus tôt que tard : le Verseau privilégie l'esprit tandis que le Scorpion est régi par ses émotions. Le Verseau tente d'améliorer le monde autour de lui, tandis que le Scorpion préfère baigner dans les coins les plus bas et abjects de l'humanité. L'indépendance du Verseau l'empêche de donner au Scorpion l'attention pleine et entière dont il a besoin, et les conversations trop chargées en émotions de ce dernier sont source de frustration pour le Verseau. Ils se respectent l'un l'autre pour leur originalité, mais feraient mieux de rester amis.

LE SCORPION AU TRAVAIL

Dans un monde idéal, tu ferais un excellent agent double ou inspecteur de police. Sinon, toute carrière dans laquelle tu peux gravir les échelons en sabotant cruellement les plans de tes collègues fera l'affaire. À cause de la cupidité de ton signe, tu ne supportes pas d'être en bas de l'échelle, tu développes rapidement une forme de haine pour toute personne qui se dit ton supérieur hiérarchique. Tu n'auras de répit que lorsque tu seras au sommet, non pas parce que tu as une forte éthique de travail, mais parce que tu as besoin de contrôler les autres. La moitié de ton temps de travail est dédiée à la recherche d'un nouveau poste et à la meilleure manière de détruire ton entreprise actuelle en claquant la porte. Mais si tu n'as pas la moindre loyauté, tu n'as pas non plus la moindre tolérance pour les trahisons de tes collègues. Tes sens de scorpion s'agitent dès que tu te sens attaqué, et tu attends ton heure dans l'ombre pour frapper au moment le plus opportun. Tes « meilleurs amis de boulot » ne pensaient quand même pas obtenir cette promotion avant toi ? Il suffit d'un e-mail bien senti à la direction avec le détail de leurs déviances pour réaliser que votre amitié est aussi bidon que leur CV.

LE SCORPION EN FAMILLE

La plupart des gens essaient activement d'éviter d'être en conflit avec leur famille, pourtant tu mets de l'huile sur le feu à la première occasion. Tu sais où appuyer pour que ça fasse mal auprès de chacun des membres de ta famille, et tu n'hésiteras pas à le faire, de préférence pendant le réveillon de Noël. Si tu peux avoir l'air d'être au-dessus de tout ça, ta nature jalouse te pousse à toujours vouloir être le préféré et à tirer les ficelles en coulisses pour y arriver. Avec ta collection de secrets de famille, tu as différents moyens de pression pour les monter les uns contre les autres tout en t'assurant que ça ne se retournera jamais contre toi. Tu adores mettre le nez dans ce qui ne te regarde pas, mais tu ne baisseras jamais ta garde assez longtemps pour que les autres apprennent à te connaître en retour. Même en famille, tu caches tes véritables émotions derrière un masque de fer : ça n'arrange pas ton sentiment de solitude, ni l'impression de tes proches de ne jamais vraiment savoir ce qui se cache derrière tes sourires en coin. Mais c'est vrai, ils n'en ont aucune idée.

LE SCORPION À LA MAISON

Le foyer idéal du Scorpion ressemble plus à un donjon qu'à une maison. Les volets sont toujours fermés, à la fois pour décourager les visites et pour pouvoir vivre ta vie de dépravé en paix. Tu te complais dans l'obscurité et cela se reflète dans ta manière de décorer : tout est recouvert de noir, des draps aux vêtements en passant par les murs. Le peu d'invités que tu daignes accueillir peut admirer les artéfacts mystérieux que tu as disséminés un peu partout, ainsi que les œuvres d'art ostensiblement érotiques dans la pièce à vivre, comme une provocation pour les pousser à te demander ce que tu fais de ton temps libre. Bien sûr, tu refuserais de répondre. Ton âme gothique illustre chaque recoin de ton chez-toi, avec le sol en pierre et l'atmosphère métallique. En ce qui concerne le thermostat, il est à ton image – il fait froid dans le dos.

LE SCORPION EN VOYAGE

Le Scorpion préfère voyager seul, de préférence dans un endroit dangereux où il ne parle pas la langue. Tu ne vois pas l'intérêt de visiter les destinations touristiques et tu t'immerges dans la vraie vie locale. Tes compagnons de voyage passent peut-être leurs journées dans les pièges à touristes, mais toi, tu dors la journée pour mieux apprécier la vie nocturne. Tu rejettes toute tentative extérieure qui t'impose un plan strict car tu préfères suivre ton instinct. Tu vis toujours un peu dangereusement : pas de luxe pour toi mais plutôt des hôtels mal famés dans lesquels tu arrives avec trois sous en poche et un guide touristique qui n'est plus à jour depuis des lustres. Pour certains, c'est le début d'un film d'horreur, mais pour toi, ce sont les vacances parfaites.

Les deux côtés du Scorpion

Le Scorpion se trouve généralement du côté féminin dans le spectre du zodiaque, mais il va sans dire qu'il peut pencher d'un côté comme de l'autre, du moment que ça reste obscur. Ce signe d'eau sensuel est plutôt fluide en ce qui concerne le genre, mais voici le détail des deux côtés que tout Scorpion a en lui.

SCORPION EN « *DARK MASCULINE* »

Quand le Scorpion penche du côté masculin obscur, on peut s'attendre à de grands étalages de passion et de romantisme saupoudrés de jalousie et de possessivité. Dans ces cas-là, tout ce que tu fais a un arrière-goût d'intimidation et de violence, sans possibilité de savoir quand le ciel va nous tomber sur la tête. Tu es déjà mystérieux en temps normal, mais dans ton masculin obscur, tu dépasses toutes les attentes. Tu es beaucoup plus à même de t'accrocher à un secret de famille que de te montrer vulnérable auprès de tes proches.

SCORPION EN « *DARK FEMININE* »

Le Scorpion tend plus naturellement vers le côté féminin, qui est plutôt son état naturel. En féminin obscur, tu es sensuel au point de mettre les autres mal à l'aise, ce qui accroît étrangement leur désir. Cependant, tu es aussi plus susceptible de te montrer rancunier et de ruminer ce ressentiment auquel tu t'accroches obstinément depuis des années. Tu as l'art et la manière de détruire quelqu'un avec une remarque bien sentie, voire d'un simple regard noir.

Cuspide Scorpion

FRONTIÈRE SCORPION – SAGITTAIRE (18 NOVEMBRE – 24 NOVEMBRE)

Le cuspide Scorpion-Sagittaire est communément appelé le « cuspide révolutionnaire » : ta mission est de bouleverser toutes les conventions. L'esprit tranchant du Sagittaire se mêle au plaisir que le Scorpion prend à voir les gens se tortiller, aussi ton pouvoir de mettre mal à l'aise est quasi décuplé. Tu ne recules devant rien ni personne. Heureusement que tu as hérité de l'indépendance pathologique du Sagittaire, parce que tu te retrouves souvent tout seul.

Coucou, Sagittaire...

Tout n'est qu'une vaste blague pour toi, n'est-ce pas ? Eh bien, on peut sérieusement te dire que tu es le je-sais-tout insupportable du zodiaque. Tu te crois philosophe, mais tu es juste un frimeur condamné à répéter les mêmes histoires et les mêmes vannes jusqu'à la fin de tes jours. Ça force le respect, ce talent que tu as pour jacasser encore et encore sans te rendre compte que tu n'impressionnes personne. Ton signe téméraire te fait endurer une existence en recherche constante de divertissements ; les liens que tu tisses partent en fumée et tu enchaînes les expériences à un tel rythme que tu n'en profites jamais vraiment. Bien sûr, ça te fait de bonnes histoires à raconter, mais tu passes ta vie à courir après des gens qui pourraient être disposés à les entendre.

DATES DE NAISSANCE
22 novembre –
21 décembre

SYMBOLE
Un archer

PLANÈTE MAÎTRESSE
Jupiter

ÉLÉMENT
Feu

MODALITÉ
Mutable

SIGNE OPPOSÉ
Gémeaux

ENNEMI MORTEL
Scorpion

BÊTE NOIRE
Les règles,
les émotions, la prévisibilité
et les hypersensibles

5 SAGITTAIRE CÉLÈBRES

Les archers dédient leur existence entière à la recherche de stimulation, c'est donc sans surprise que ce signe a donné naissance à un certain nombre de figures tristement célèbres, dont ces cinq-là :

1 Patrizia Reggiani (2 décembre 1948)
Personnalité mondaine italienne et matriarche du clan Gucci connue pour avoir commandité le meurtre de son ex-mari qui l'avait quittée pour une autre femme.

2 Lucky Luciano (24 novembre 1897)
Malfrat américain qui a contribué au développement de la pègre aux États-Unis. Condamné pour proxénétisme en 1936, il fuit à Cuba, où il continue ses activités criminelles jusqu'à sa déportation en Italie en 1946.

3 Néron (15 décembre 37)
Empereur romain qui a exécuté de nombreux ennemis, dont sa propre mère, et persécuté les premiers chrétiens. Son règne tyrannique est notamment marqué par l'incendie qui a détruit une grande partie de Rome en 64.

4 Pablo Escobar (1er décembre 1949)
Chef du cartel de Medellín qui a fait fortune en tant que « roi de la cocaïne ». Il est abattu par la police après avoir enfreint les termes de son assignation dans « La Catedral », une prison luxueuse aménagée par ses soins.

5 Marie Stuart (8 décembre 1542)
Reine écossaise dont le destin est marqué d'innombrables mauvaises décisions. Elle est finalement exécutée pour trahison, après avoir comploté contre sa cousine, la reine Elisabeth Ire.

Le Sagittaire en trois mots

La fête est finie, Sagittaire. Tu es un glouton qui ne vit que dans l'excès ; ton style de vie sexe, drogue et rock'n'roll peut sembler cool vu de l'extérieur, mais quand il s'agit de choses qui comptent vraiment, tu tombes sur un os. L'introspection, ce n'est pas pour toi. L'engagement non plus. L'intimité ? Encore moins. Tu es symbolisé par un archer, tu aimes donc à penser que tu es quelqu'un de droit et qui vise juste. C'est facile de critiquer, surtout quand tu refuses de te montrer vulnérable toi-même et que tu sautes de relation en relation avant de pouvoir vraiment t'attacher. Tes proches savent qu'ils peuvent compter sur toi pour faire la fête, mais qu'ils passeront toujours après ta quête éternelle de divertissement. Tu disperses leurs confidences aux quatre vents pour le plaisir d'avoir une histoire à raconter et tu les trahis sans le moindre scrupule quand ça peut t'aider à te sentir supérieur. On peut dire que quand il s'agit d'amitié, tu rates ton coup à chaque fois.

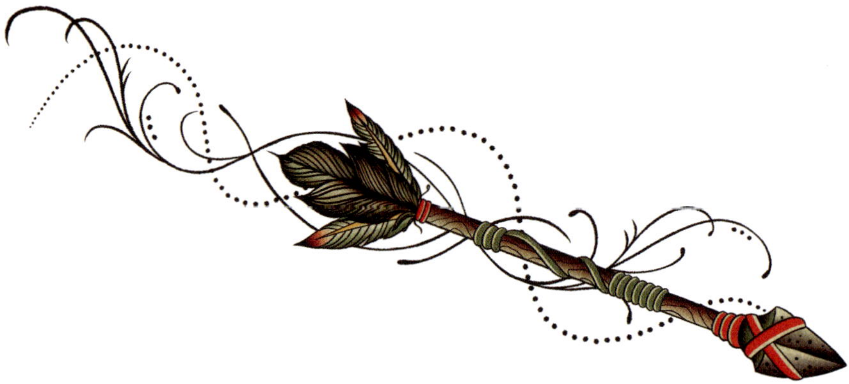

IMPRUDENT

En termes d'insouciance, tu es dans une tout autre dimension, Sagittaire, et tu en paies souvent le prix fort. Ton désir ardent de nouveauté et de spontanéité t'empêche d'anticiper les conséquences de tes actions, et tu te retrouves dans des situations inconfortables. Impulsif, tu es incapable de réfléchir avant d'agir et tu suivras aveuglément tes coups de tête avant de finir horrifié par la tournure des événements. Tes pauvres parents sont malheureusement habitués à tes coups de fil nocturnes suppliant de te tirer du dernier mauvais pas dans lequel tu t'es volontairement fourré. Tu fais passer ce trait de personnalité pour une excentricité attendrissante, mais au bout du troisième appel depuis le commissariat, la plupart des gens réalisent que tu es tout ce que tu détestes : incroyablement prévisible.

DÉSINVOLTE

Ta devise préférée ? Il n'y a que la vérité qui fait mal. Au grand dam de ton entourage, en tant qu'archer, ta vérité vient sous forme d'une flèche en plein cœur. Tu n'as pas le moindre filtre, tu ne penses jamais à l'impact que tes mots peuvent avoir sur les autres et tu ne te rends jamais compte d'à quel point tu peux être blessant. Quand quelqu'un est offensé par tes propos, tu te dis qu'ils sont juste trop sensibles pour ton esprit affûté. Mais combien de gens « trop sensibles » faudra-t-il pour te rendre compte que ton comportement affecte ceux qui t'entourent ? Pour un archer sans tact ni sens diplomatique, on dirait bien que la limite n'existe pas.

ODIEUX

Bruyant, criard et maladroit, le Sagittaire domine souvent la pièce avec son énergie explosive. Tu penses que tu rends la fête plus folle, mais la plupart du temps, tu es juste agaçant. Ton comportement extravagant t'assure d'être constamment le centre de l'attention, et pour toi, ce n'est jamais une mauvaise chose. Ignorant comme tu es, tu squattes toutes les fêtes en supposant que c'est un accident si tu n'as pas été invité. Après tout, qui ne serait pas ravi d'écouter tes histoires longuissimes alors que tout le monde essaie de chanter « Joyeux anniversaire » ? C'est un mystère.

Position du Sagittaire

La personnalité insupportable du Sagittaire est infectieuse partout où il va, et la carte du ciel ne fait pas exception. Tu penses que tu l'as échappé belle quand ton signe solaire n'est pas Sagittaire, mais tu n'es à l'abri de rien si ce signe se trouve quelque part dans ton thème astral. Alors fuis, c'est encore ce que tu fais de mieux.

LUNE EN SAGITTAIRE

Si ta lune est en Sagittaire, tu passes tellement de temps à penser au futur que tu te retrouves incapable de profiter du présent. Tu regardes toujours si l'herbe est plus verte ailleurs, aussi, ta capacité d'introspection est extrêmement limitée. Ça va tellement vite là-haut que tu n'apprécies jamais vraiment ce que tu as en face de toi, et tes proches savent que dans toute conversation, tu passes plus de temps à songer à ta prochaine réplique qu'à écouter ce qu'ils disent. Ça explique pourquoi ils ne s'embêtent plus à te dire quoi que ce soit d'important.

VÉNUS EN SAGITTAIRE

Avec Vénus en Sagittaire, tu es un romantique qui ne tient pas en place et dont l'objectif est de faire perdre la tête à ton partenaire, même si ça veut dire qu'il perd tout. Tu défends une vision de l'amour libertaire qui aurait eu beaucoup de succès dans les années 1960, et tu as du mal avec le concept de la relation stable et monogame. Heureusement pour toi, le polyamour a le vent en poupe…

ASCENDANT SAGITTAIRE

Avec ton ascendant Sagittaire, le reste du monde te considère comme un extraverti extravagant dont l'unique but est de s'amuser. Tu as l'air d'un fêtard invétéré très utile pour obtenir des pass VIP, mais trop impulsif et narcissique pour être digne de confiance. Tu portes en bandoulière ton désintérêt pour la vie des autres et tu ne fais aucun effort pour cacher que quand on te parle, tu passes la pièce aux rayons X pour voir si quelqu'un de plus intéressant est arrivé.

Le Sagittaire en amour

Sous l'influence du Sagittaire, tu es éternellement à la recherche d'adrénaline, et rien n'est plus excitant que l'amour. Du moins, jusqu'à ce que la personne en face commence à avoir ses exigences, bien sûr. Les débuts d'une relation sont tes moments préférés, mais tu prends peur dès que ton partenaire exprime ses attentes. Tu es farouchement indépendant et par conséquent, tu feras tout pour conserver ton autonomie, y compris t'en prendre à ceux qui menacent de t'en priver. C'est sûrement une bonne chose que tu tiennes tant à ta liberté, dans la mesure où tu risques bien de finir tout seul.

LE SAGITTAIRE CÉLIBATAIRE

Le Sagittaire célibataire enchaîne les idylles sans lendemain à un rythme délirant et abandonne ses partenaires d'une nuit sans offrir la moindre résolution. Tu penses certainement les déclarations d'amour que tu fais, mais dès que le jour se lève, la flamme s'éteint aussi sûrement que celle des bougies romantiques de la veille. De bien des manières, le Sagittaire est fait pour le célibat : tu ne veux pas être enchaîné à qui que ce soit, et l'idée de vivre le reste de ta vie en te privant d'aventures érotiques te déprime. Au lit, tu considères que ton style enthousiaste et frénétique témoigne de ta passion, mais les victimes de ta course effrénée le voient d'un tout autre œil.

LE SAGITTAIRE EN COUPLE

Ton instinct naturel en tant que Sagittaire est de faire cavalier seul, aussi, pour te convaincre de te poser, il faudra user de finesse. Tu manques de sensibilité en tant qu'amant et tu peines à prendre en considération les sentiments de ton partenaire, avec ton honnêteté brutale et ton indépendance farouche. Tu prends tout à la légère et vois le monde comme un gigantesque exercice intellectuel, ce qui implique que les émotions (des autres, surtout) te passent complètement au-dessus. Tu privilégies la nouveauté à la stabilité et préfères enchaîner les liaisons dangereuses plutôt que de t'engager. Heureusement que tu ne crains pas la solitude.

Les plus compatibles

Sagittaire + Lion

Pour le Sagittaire qui, exceptionnellement, voudrait s'engager, le Lion est le partenaire idéal.
Il aime tellement attirer l'attention qu'il saura parfaitement piquer la curiosité du Sagittaire. Ils sont tous deux drôles et extravertis, ainsi leur vie ensemble sera toujours exaltante. En outre, ils sont tous les deux trop préoccupés par leur propre personne pour imposer des règles et restrictions à leur partenaire.
Du moment qu'ils se couvrent l'un l'autre de baisers passionnés et d'admiration, ils ne s'inquiètent pas de ce qu'ils font chacun de leur côté. En bonus, ils prennent plein de photos de couple très mignonnes.

Les moins compatibles

Sagittaire + Scorpion

Le Sagittaire et le Scorpion seront attirés l'un par l'autre au début, grâce à l'aura mystérieuse du Scorpion et l'attitude casse-cou du Sagittaire, mais la relation est vouée à se briser dès que la possessivité du Scorpion se manifeste. L'incapacité du Sagittaire à prendre en compte les sentiments de son partenaire fera enrager le Scorpion, dont la jalousie et le besoin d'être rassuré feront fuir le Sagittaire en retour. En toute honnêteté, ces deux signes sont plus susceptibles de finir par se détester à vie.

Sagittaire + Taureau

Le Taureau stable et ennuyeux n'est pas en mesure de garder l'intérêt du Sagittaire assez longtemps pour que la relation commence. Bien sûr, ils pourront coucher ensemble de temps en temps puisque la réputation du Taureau au lit le précède, mais il n'est pas assez intéressant pour aller plus loin. Il est tout simplement trop immuable pour le Sagittaire féru de chaos. À l'inverse, le Taureau voit rouge quand le Sagittaire arrive en retard au restaurant et qu'ils perdent leur réservation. Au moins, ni l'un ni l'autre ne veulent prendre la peine de se dire au revoir.

Sagittaire + Cancer

Le Cancer est casanier, le Sagittaire est un aventurier, le problème est là. Le Sagittaire ne reste jamais en place assez longtemps pour satisfaire le Cancer qui, de son côté, prend les choses très à cœur et se trouve être trop sensible pour le Sagittaire au manque de tact légendaire. Le clou dans le cercueil, c'est l'opposition totale de leurs visions du monde. Le Sagittaire est un bon vivant qui profite de tout ce que la vie a à lui offrir, tandis que le Cancer est naturellement pessimiste et morose et préfère largement rester chez lui à broyer du noir. Ils ne voient rien du même œil, difficile dans ces conditions de regarder dans la même direction.

LE SAGITTAIRE EN FAMILLE

Quand est-ce que tu as appelé ta grand-mère pour la dernière fois, Sagittaire ? L'as-tu seulement fait un jour ? Tu réponds rarement au téléphone, donc ta famille prend de tes nouvelles majoritairement via ce que tu postes sur tes réseaux sociaux, même pour les événements importants. Comme pour toutes tes autres relations, tu te joins volontiers aux réunions de famille (surtout si tu peux boire et manger à l'œil), mais tu n'es pas sentimental et ne prends pas nécessairement la peine de maintenir le lien au quotidien. Quand tu assistes à un dîner ou une fête d'anniversaire, tu mets les pieds dans le plat avec ta finesse légendaire. C'est plus fort que toi, tu dois demander à ta tante comment se passe le divorce, ou faire remarquer que ta cousine s'est fait refaire le nez. Plus l'atmosphère est banale et sans histoires, plus tu t'évertues à créer des problèmes et à jeter de l'huile sur le feu. L'anniversaire de mariage de tes parents peut très vite se transformer en *Scènes de ménage*.

LE SAGITTAIRE AU TRAVAIL

Métro-boulot-dodo ? Plutôt mourir. Tu aimes trop le changement pour adhérer à la moindre routine, et tu préfères largement cumuler cinq boulots que tu fais mal plutôt que de te consacrer à un seul et bien le faire. Tes collègues ne comptent sur toi que lorsqu'il s'agit d'organiser un pot, et ton don pour convertir la soirée d'entreprise la plus sage en défilé de décadence et de débauche devrait être étudié. Tu adores t'écouter parler et le bureau est le cadre parfait, non pas pour travailler mais pour tester tes bons mots et tes anecdotes sur ton public. Les réunions sont tout particulièrement insupportables quand tu es là. Tu as peut-être l'impression de captiver ton auditoire, mais il est plutôt forcé de tolérer tes interventions avec le couteau sous la gorge alors qu'il n'attend qu'une chose : que tu arrêtes de parler pour aller déjeuner. Non seulement tu manques de professionnalisme, mais tu risques aussi de perdre ton sang-froid face à la mise en place de certaines règles, même si la directive vient tout droit du patron. D'ailleurs, plus on essaie de te faire rentrer dans le rang, plus tes réactions sont inacceptables. C'est pour ça que tu as été viré plus de fois que quiconque, et que personne ne veut te recommander dans un cadre professionnel : être un signe de feu n'excuse pas tout.

LE SAGITTAIRE À LA MAISON

Chez toi ? C'est cet endroit où tu ranges tes sous-vêtements entre deux rendez-vous galants. Comme pour tout Sagittaire qui rêve d'évasion, ta résidence est purement fiscale. C'est là que tu reçois ton courrier, quand bien même tu le laisses s'amonceler dans la cuisine sans jamais l'ouvrir. Tu évites farouchement que les choses soient gravées dans le marbre, et on fait difficilement plus immobile qu'une maison. Tu es largement plus susceptible de squatter canapé après canapé plutôt que de prendre racine. Tu ne restes jamais en place très longtemps, ainsi ta « maison » est pleine de cartons à moitié déballés qui prennent la poussière jusqu'au prochain déménagement. Ton frigo est la terre d'accueil de Tupperware qui moisissent, et le désordre de ta chambre à coucher illustre bien celui de ta vie en général. Tu passes très peu de temps chez toi, donc tu ne comprends pas trop pourquoi ton proprio est en colère que tu aies (encore) oublié de payer le loyer. Qu'il se détende un peu, c'est bon, tu régleras ça quand tu rentreras, probablement dans un mois ou deux.

LE SAGITTAIRE EN VOYAGE

Le Sagittaire téméraire est le globe-trotteur du zodiaque. Dans un monde idéal, tu n'aurais jamais le temps de déballer tes affaires entre deux voyages. Encore plus chevronné que le Routard, tu prends les commandes du groupe avec qui tu te déplaces, même si tu ne connais pas plus qu'eux votre destination. Ça te rend extrêmement condescendant, et ironiquement, tu es aussi le plus susceptible d'ignorer complètement les traditions locales en termes d'accoutrement, de comportement, et de niveau sonore (par défaut, tu hurles). Tu es ce genre de touriste qui prétend parler la langue quand tu ne fais que répéter trois phrases que tu as lues dans un guide avec un accent si horrible que tu en arrives à insulter quelqu'un par accident. Mais si tu finis avec un coquard, ce n'est pas si grave : le pire qui pourrait arriver, c'est que tout se passe comme prévu et que tu t'ennuies. Toute personne assez courageuse pour t'accompagner dans tes aventures doit se préparer à te voir arriver à l'aéroport cinq minutes avant le départ de l'avion, avec un Starbucks et 1 % de batterie, sans aucun égard pour tes compagnons de voyage. Ça va, au pire tu aurais dormi dans le terminal et tu serais parti le lendemain. Ce ne serait pas la première fois.

Les deux côtés du Sagittaire

Si le Sagittaire est typiquement un signe masculin, ça ne l'empêche pas d'avoir les deux cordes à son arc. Comme tous les autres signes, les Sagittaire ont un côté féminin et masculin dans lesquels puiser au quotidien : te voilà prévenu.

SAGITTAIRE EN « *DARK MASCULINE* »

En masculin obscur, la témérité du Sagittaire devient sa caractéristique principale. Tu agis selon tes impulsions et tu crées des problèmes pour le plaisir d'observer les conséquences avec du pop-corn. Tu t'incrustes dans toutes les conversations pour t'entendre parler et tu inities une joute verbale avec n'importe qui oserait tenter d'intervenir. Hélas, de là à en venir aux mains, il n'y a qu'un pas, franchi en moins de temps qu'il n'en faut pour dire « avocat du diable ».

SAGITTAIRE EN « *DARK FEMININE* »

En féminin obscur, le Sagittaire aime particulièrement sortir et partir à la conquête de quiconque se trouvera sur son chemin, qu'importe sa disponibilité ou ses envies. Tu ne vois aucun inconvénient à briser des ménages, du moment que ça te fait une histoire intéressante à raconter, ou bien à multiplier les prétendants à la même soirée et à les regarder se battre pour toi. Ceux qui subissent ton comportement ont la nette impression que tu tires plus de plaisir de tout ce cirque que de l'amour en lui-même, et ils n'ont pas tort.

Cuspide Sagittaire

FRONTIÈRE SAGITTAIRE – CAPRICORNE
(18 DÉCEMBRE – 24 DÉCEMBRE)

Ici, un signe mutable de feu se mélange à un signe cardinal d'eau, ce qui signifie que tu es constamment pris entre deux feux : l'audace et la recherche constante d'adrénaline du Sagittaire ou l'esprit prudent et pragmatique du Capricorne. Ces deux-là forment un ensemble toxique qui fait de toi quelqu'un d'extrêmement autocentré, sans le moindre égard pour la manière dont tes ambitions et ta course au succès peuvent affecter les autres. En somme, tu es un génie diabolique.

Coucou, Capricorne...

Pardon d'interrompre ta journée de travail avec quelque chose d'aussi futile qu'une dose d'introspection, ça ne prendra pas longtemps. Renfrogné et inerte, tu es représenté par la chèvre, probablement parce que tu as tendance à piétiner le bon temps des autres. Ton attitude 100 % dédiée à ton travail ne laisse aucune place pour le divertissement ou les choses amusantes, tu es beaucoup trop occupé à cocher toutes les cases de la *to-do list* infinie qui te permettra un jour d'arriver au sommet. Et oui, on sait que c'est ton projet. Tu laisses penser que tu n'es qu'un rouage dans cette grande machine qu'est l'entreprise, mais à d'autres. Derrière ta façade innocente et ton col roulé se cache un tyran assoiffé de pouvoir qui prépare son ascension avec un plan en 100 étapes pour contrôler son peuple.

DATES DE NAISSANCE
22 décembre – 19 janvier

SYMBOLE
Une chèvre de mer

PLANÈTE MAÎTRESSE
Saturne

ÉLÉMENT
Terre

MODALITÉ
Cardinal

SIGNE OPPOSÉ
Cancer

ENNEMI MORTEL
Verseau

BÊTE NOIRE
Ceux qui manquent
de sérieux et/ou
qui enfreignent les règles,
les pertes de temps
et les enfants

5 CAPRICORNE CÉLÈBRES

Le Capricorne est en quête de pouvoir et non de célébrité, aussi il n'est pas rare qu'il se fasse discret et tire les ficelles en coulisses. Il n'empêche qu'il a donné naissance à nombre de personnalités, comme Kate Middleton, Dolly Parton, ou encore :

1 **Al Capone (17 janvier 1899)**
Malfrat dans la pègre et parrain de l'Outfit de Chicago. Il est notamment responsable du massacre de la saint Valentin mais se fait coffrer pour fraude fiscale. Il termine ses jours dans la prison d'Alcatraz.

2 **Marie Lafarge (15 janvier 1816)**
Meurtrière française condamnée pour avoir empoisonné son époux à l'arsenic en 1840 (la toute première condamnation sur preuve établie suite à un examen toxicologique).

3 **J. Edgar Hoover (1er janvier 1895)**
Ancien directeur du FBI américain, responsable de la chasse à l'homme chez les communistes, « déviants » et activistes des droits de l'homme, tout en cachant son propre mode de vie « déviant ».

4 **Edgar Allan Poe (19 janvier 1809)**
Auteur américain à l'œuvre macabre et gothique. Son esprit méthodique lui inspire l'invention du roman policier, mais il est plus connu pour ses contes de morts prématurées et corbeaux prophétiques.

5 **Howard Hughes (24 décembre 1905)**
Riche fabricant, aviateur et producteur de cinéma américain connu pour son goût de la solitude. Il passe toutes ses dernières années exilé dans diverses chambres d'hôtel de luxe à travers les États-Unis à cause de ses troubles obsessionnels compulsifs.

Le Capricorne en trois mots

Tu crois peut-être que tu risques seulement d'être qualifié d'ennuyeux, Capricorne, mais ce n'est pas tout à fait ça. À vrai dire, tu es probablement le signe le plus intéressant du zodiaque ! Après tout, les sociopathes sont souvent passionnants. Tu apparais conservateur et sans chichis, mais en toi se cache un tyran à la poigne de fer qui attend son heure. Ton allure innocente masque ta véritable personnalité : cruelle, mesquine et absolutiste. Tu passes ta misérable vie à penser tout bas que tu es mieux que tout le monde, ce que, bien sûr, beaucoup d'autres signes croient toujours, mais contrairement à eux, tu as l'endurance et la discipline nécessaires pour aller au bout de tes ambitions. Tu ne t'arrêteras pas avant d'arriver au sommet, et en attendant, tu domines ton monde en l'influençant subtilement. Tes amis (pour peu qu'on puisse les appeler ainsi vu le temps que tu passes avec eux) savent qu'ils passent après tes ambitions, surtout s'ils n'ont aucune pierre à apporter à l'édifice. Qui a du temps à perdre avec les mariages et anniversaires en tous genres alors qu'il y a tant de travail à abattre ?

RIGIDE

Si tu ne plies pas, tu vas casser. Sauf bien sûr si tu as une volonté de fer… Le Capricorne sait bien qu'il n'y a qu'une manière optimale de faire les choses, et c'est la manière traditionnelle. Tu es le maître de la discipline et tu ne tolères pas le laxisme, les règles trop souples, ou pire, le *casual Friday*. Ton extraordinaire zèle t'attire les faveurs de tous les chefs et les foudres de tous tes collègues, puisque tu n'hésites pas à dénoncer chacun de leur écart à l'autorité correspondante. Ta dévotion au statu quo te rend imperméable à toute nouvelle information ou façon alternative de faire ou voir les choses, et tu craches ouvertement sur ceux qui sortent des sentiers battus. Les années 1950 ont téléphoné, elles veulent que tu leur rendes leurs mœurs.

MESQUIN

Quiconque croit qu'il y a des limites à la mesquinerie ne t'a manifestement jamais rencontré. Sous l'influence du Capricorne étriqué, tu fais une montagne des plus petites choses : impossible pour toi d'aller au restaurant sans renvoyer un plat en cuisine parce qu'il est trop ou pas assez salé, trop chaud ou trop froid. Dans un contexte social, aucune rancœur n'est trop superficielle et tu es réputé pour t'accrocher à ton ressentiment comme une moule à son rocher et pour t'en prendre à quiconque t'a offensé, que ce soit hier ou il y a dix ans. Tu saisis chaque opportunité pour exprimer ta désapprobation constante. Tu as déjà songé à participer aux *Anges de la téléréalité* ? Tu devrais.

RADIN

Tu décrirais ta philosophie financière comme prudente ou réfléchie, mais toute personne qui a déjà eu le malheur de partager une addition avec toi verrait les choses différemment. Tu es une pince. Le Picsou en toi ne rate jamais une opportunité d'économiser quelques centimes, même s'il en coûte à ton entourage. Tu es du genre à ne pas laisser de pourboire parce que ton serveur a mis trop longtemps à apporter une carafe d'eau, et tu insistes auprès de tes compagnons de voyage pour aller dans les auberges de jeunesse les plus miteuses pour économiser cinq euros. À ton sens, l'option la moins chère est toujours la meilleure et tu préfères vivre chichement que dépenser le moindre sou qui ne soit pas absolument nécessaire. Ça fait de toi un excellent gestionnaire de budget pour ton entreprise, mais un rabat-joie de compétition quand il faut planifier une activité ou un pot d'équipe. Pas besoin de ballons à un anniversaire quand le plaisir d'être là, c'est gratuit !

Position du Capricorne

Tout discret qu'il est, le Capricorne n'est peut-être pas l'étoile la plus brillante de ta carte du ciel, mais il t'amadoue quoi qu'il arrive avec son influence subtile dans ton thème astral, même s'il lui faut du temps. Un jour, tu comprends que tu manges, respires et vis Capricorne, que tu le veuilles ou non.

LUNE EN CAPRICORNE

Ton signe lunaire dirige ta vie intérieure, et ta lune en Capricorne signifie que tu passes ton temps à chercher de nouveaux moyens d'être productif. Tu n'as pas une seconde à perdre en errances intellectuelles, passe-temps superficiels ou émotions inutiles : tu es pleinement concentré sur la prochaine étape qui te mènera à ton objectif final. On te dit taiseux, mais tu prends juste ton mal en patience. Un jour, ils comprendront !

VÉNUS EN CAPRICORNE

Avec Vénus en Capricorne, tu cherches une chose et une seule : l'engagement. Les amourettes d'été, les idylles passagères ou histoires sans lendemain, très peu pour toi. Tu considères ça comme une perte de temps, et par conséquent tu procèdes en amour comme tu procèdes en entretien d'embauche : méticuleusement et rigoureusement. Tu n'hésites pas à vérifier le profil LinkedIn d'un potentiel partenaire avant d'accepter un rendez-vous galant. L'amour n'est pas mort, il est juste caché dans un CV particulièrement bien formaté.

ASCENDANT CAPRICORNE

Si tu es ascendant Capricorne, ça veut malheureusement dire qu'on te perçoit comme un accro au travail aigri et pompeux. Certains te diront timide ou indifférent, mais la première hypothèse est souvent la bonne. Tu es effectivement un accro au travail aigri et pompeux, il n'y a qu'à voir toutes ces fois où tu transformes un dîner sympa en réunion sur les rapports de charges annuelles. C'est un miracle que tu sois encore invité quelque part.

Le Capricorne en amour

Un Capricorne peut-il vraiment tomber amoureux ? Ou se contente-t-il de s'autoriser une émotion similaire à l'amour parce que le mariage fait partie de son plan sur dix ans ? Dans tous les cas, tes partenaires feraient mieux de revoir leurs attentes à la baisse en matière d'affection. Tu vois l'amour et le mariage comme des cases à cocher sur ta longue liste d'objectifs traditionnels, et quiconque espère partager ta vie devra soumettre une candidature étayée avec CV et lettre de motivation soignée. Si tu es intéressé, tu le rappelleras sous cinq jours ouvrés. Sinon, tu ne reviendras jamais vers lui : tu es déjà passé à l'étude d'autres candidats.

LE CAPRICORNE CÉLIBATAIRE

Le Capricorne célibataire n'est pas vraiment préoccupé par son célibat. Après tout, tu es déjà marié à ton travail. Si tu fréquentes quelqu'un, c'est plus parce que tout le monde le fait que parce que tu as réellement envie de partager ta vie. Ça se voit dès le premier rendez-vous : ton partenaire aura toujours l'impression que tu l'évalues et non que tu apprends à le connaître. Tu n'aimes pas perdre ton temps et un potentiel deuxième rendez-vous (voire un deuxième verre) dépendra surtout de la manière dont il répond à tes innombrables questions préalables.

LE CAPRICORNE EN COUPLE

Quiconque prétend conquérir ton cœur de Capricorne obnubilé par la performance doit accepter de passer après tes ambitions professionnelles. Si ton prétendant peut supporter tes heures supplémentaires et discussions de boulot, tu es capable de fournir une relation stable quoiqu'un peu sur la réserve émotionnellement parlant, mais qui correspondra à tous les critères d'une relation de couple. Il ne doit pas s'attendre à un feu d'artifice d'affection et de sentiments, mais tu lui garantis que les factures seront payées à temps et que la maison sera propre et rangée. Une fois que les jalons traditionnels d'une relation classique seront atteints, tu pourras sortir le grand jeu : une demande en mariage sans âme, un ménage conservateur et la naissance de 2,5 enfants comme le stipule le dernier recensement en date. Ça a marché pour tes grands-parents, après tout !

Les plus compatibles

Capricorne + Scorpion

Une fois qu'un Capricorne a atteint l'étape de sa vie où un partenaire devient essentiel à ses yeux pour accomplir ses objectifs, le Scorpion sera parfaitement adapté. On pourrait croire que le Capricorne conservateur et le Scorpion qui teste sans cesse les limites feraient un duo mal avisé, mais dans ce cas précis, leurs signes d'eau et de terre se confondent dans une boue rassurante aux nombreux bienfaits. Le Capricorne est un équipier fiable et loyal qui saura apaiser la méfiance du Scorpion, et ce dernier apprécie l'univers sombre et terrifiant que cache la façade calme et composée du Capricorne. D'autant plus que celui-ci passera volontiers du temps dans l'antre lugubre du Scorpion à échanger des secrets. Sauf si le devoir l'appelle, bien sûr.

Les moins compatibles

Capricorne + Verseau

Le Verseau est un esprit libre tandis que le Capricorne accorde beaucoup d'importance au statu quo : leurs visions du monde sont opposées. L'incapacité du Verseau à s'engager, surtout dans sa carrière, est source de frustration pour le Capricorne, qui ennuie profondément son partenaire avec son plan sur dix ans déjà tout prêt. Le Capricorne prévoit de faire de son mariage une grande affaire traditionnelle, alors que le Verseau préférerait mille fois se marier en secret à Las Vegas dans son plus beau costume d'Halloween. En somme, ça ne fonctionne pas vraiment.

Capricorne + Balance

L'indécision de la Balance est vouée à rendre le Capricorne complètement zinzin, d'autant plus qu'il exige d'elle qu'elle tienne ses promesses. Le style direct et honnête du Capricorne s'oppose à la communication passive-agressive de la Balance et à sa manie de changer de discours en fonction de son interlocuteur. En outre, il est l'un des rares signes complètement immunisés face aux charmes séducteurs de la Balance ; il privilégie l'esprit au physique. Pour terminer, la Balance s'enfuit dès qu'elle réalise que son partenaire sobre et simple ne possède même pas de miroir plein pied dans lequel s'admirer.

Capricorne + Lion

Au début, ces deux signes peuvent être attirés l'un par l'autre en raison de leur statut social mutuel, mais leur couple se fane dès qu'ils se rendent compte qu'ils ne sont jamais d'accord sur rien. Le Lion est un extraverti qui souhaite se pavaner le plus possible avec ses richesses, que ce soit aux dîners entre amis, en soirée ou aux événements professionnels. Le Capricorne minimaliste méprise les fanfaronnades du Lion et préfère passer une soirée tranquille à la maison pour se reposer avant d'aller au travail le lendemain : il n'a pas besoin d'être admiré. Malheureusement, être admiré, c'est l'objectif de vie du Lion.

LE CAPRICORNE AU TRAVAIL

Le Capricorne n'est jamais aussi heureux qu'au travail. Tu vis pour travailler et tu travailles pour vivre – ton bureau est le seul endroit où tout semble avoir du sens, et où tes ambitions et ton acharnement ne te font pas passer pour un sociopathe. Là, ce sont de vrais atouts qui sont appréciés et qui vont te permettre, au terme de ton plan décennal, de reprendre les rênes de l'entreprise et de la gérer comme elle devrait l'être. Tu accordes beaucoup d'importance à l'efficacité et tu ne supportes pas que l'on perde du temps et des ressources précieuses avec des employés fainéants, des pots d'équipe ou pire, des activités de *team building*. Tu vas au bureau en avance tous les jours, juste pour que les autres aient l'impression d'arriver en retard, et si ça ne dépendait que de toi, les banalités et les sourires seraient formellement interdits. Les autres comprennent très vite que tu n'es pas là pour te faire des amis et tu es la personne parfaite pour exécuter sans pitié un plan de licenciement collectif pour le compte de la direction. Tu es considéré comme le fayot de service, celui qui cire les bottes du patron et qui le tient au courant de tout ce qui se passe. Tu ne te rebelles jamais contre l'autorité, surtout parce que tu as bien l'intention d'être en position d'autorité un jour.

Ton signe est plutôt introverti, aussi tu n'apprécies pas de te retrouver sous les projecteurs : ton objectif est plutôt d'agir dans l'ombre. Tirer les ficelles en coulisses et avoir un bouc émissaire si jamais quelque chose tourne mal te semble beaucoup plus approprié.

LE CAPRICORNE EN FAMILLE

On parie que tu as souvent entendu la phrase « T'es pas mon père ! », Capricorne. Tu es la figure paternelle ultime, qu'importe ta position réelle au sein de l'arbre généalogique. Tu fais office de pourvoyeur, rien n'est plus satisfaisant à tes yeux que d'utiliser tes ressources pour aider ta famille à prospérer. Mais gare à ceux qui acceptent ton aide : elle coûte très cher, dans la mesure où tes protégés doivent filer doux et se soumettre à tes attentes très élevées. Ta maison, tes règles, après tout. Tu vois le succès des membres de ta famille comme des accomplissements personnels et tu n'hésites pas à afficher ostensiblement ta désapprobation face à tes cousins en école d'art qui ne savent pas encore quoi faire de leur vie. Tu as l'amour vache, et cette stratégie relationnelle signifie souvent que la nouvelle génération redoute de te voir aux réunions de famille, surtout si leurs bulletins de notes ne sont pas parfaits. Mais au moins, on peut compter sur toi pour reproduire la tarte aux pommes de ton arrière-arrière-grand-mère à la perfection.

LE CAPRICORNE À LA MAISON

Si d'autres accrochent des pancartes « Le bonheur est sous la couette » ou « La vie est belle » dans leur maison, tu serais plutôt du genre à avertir « Bas les pattes ». Le Capricorne conservateur et assommant souhaite que ses quartiers ressemblent plus à un musée qu'à une vraie maison. En ce qui te concerne, le foyer, c'est là où on affiche ses trésors familiaux et où on se repose entre deux journées de boulot. Ton style de décoration est terriblement démodé, composé d'objets passés de génération en génération et de babioles achetées dans un vide-greniers. Tu te moques des tendances et ton antre est une sorte de machine à remonter le temps pour tout invité qui y met les pieds. D'accord, ton papier peint date du siècle dernier, mais s'il était assez bien pour tes ancêtres, il est assez bien pour toi. Ta maison coche toutes les cases de la demeure traditionnelle mais il lui manque la chaleur nécessaire pour en faire un endroit où on s'y sent bien. Où se trouve le cœur, là est la maison : tu serais plus heureux si tu vivais là où tu travailles. Ou juste à côté, si tu tiens à respecter scrupuleusement l'interdiction de l'entreprise de dormir à ton bureau.

LE CAPRICORNE EN VOYAGE

« Capricorne » et « voyage » ne font généralement pas bon ménage. On peut te convaincre de poser quelques jours de congé, mais tu préfères largement les passer à la maison en attendant de pouvoir retourner au bureau. À tes yeux, le voyage est un passe-temps superficiel et coûteux que seul le commun des mortels qui n'a rien d'autre à faire peut s'autoriser. Dans les rares cas où tu voyages, c'est à la demande d'un partenaire ou membre de ta famille qui a besoin de vacances (tu ne comprends pas trop pourquoi), mais tu tiendras un budget très serré, sans place pour les dépenses futiles ou la spontanéité. Adieu, restaurants cinq étoiles et virées shopping. Tu n'organises des activités que lorsque tu arrives à mettre la main sur une réduction ou un bon cadeau. Tu n'hésiterais pas à voyager en soute si ça te permettait de payer moins cher, et tu refuses de passer la nuit ailleurs que dans les auberges les plus modestes. Si tu ramènes des punaises de lit, ce sera une raison de plus pour ne plus jamais repartir de chez toi.

Les deux côtés du Capricorne

Malgré son énergie très paternelle, le Capricorne compte parmi les signes féminins du zodiaque. Néanmoins, le côté masculin obscur cohabite avec le côté féminin obscur au sein de tout Capricorne, chaque identité attendant son heure et l'occasion où elle pourra se libérer et prendre le pas sur l'autre. Voici comment les différencier.

CAPRICORNE EN « *DARK MASCULINE* »

En masculin obscur, tu pousses l'énergie paternaliste et émotionnellement distante au maximum. Intransigeant, dominateur et indifférent à tout ce qui n'est pas un fait tangible, tu apparais souvent froid ou impoli, probablement car tu choisis volontairement de te présenter ainsi. Tes proches peuvent toujours essayer de te raconter leur journée, mais tu vas certainement te contenter de regarder leurs lèvres bouger tout en pensant au boulot.

CAPRICORNE EN « *DARK FEMININE* »

Adieu père absent, bonjour mère poule. En bon Capricorne en féminin obscur, tu es un perpétuel cynique qui ne sait pas garder tes opinions pour toi. Tu insistes pour les imposer à tout ton entourage en croyant mordicus que si seulement le reste du monde pensait comme toi, la planète serait en bien meilleur état (et bien mieux organisée). Tu traites tous tes proches comme des enfants qu'il faudrait réprimander et guider, et tu ne peux pas t'empêcher de distribuer tes conseils à ceux dont tu estimes qu'ils en ont besoin, c'est-à-dire tout le monde.

Cuspide Capricorne

FRONTIÈRE CAPRICORNE – VERSEAU (17 JANVIER – 23 JANVIER)

Le Capricorne pragmatique et conservateur se mélange au Verseau rebelle pour donner un radical distant et critique qui ne parvient pas à accepter que le reste du monde ne soit pas à son niveau intellectuel. Tu crois avoir toutes les clés pour résoudre les problèmes de la société et bien plus encore, et tu juges très durement ceux qui résistent à ton influence. Naturellement solitaire, tu es à deux doigts de te transformer en ermite exilé dont personne ne lira jamais le manifeste que tu persistes à rédiger. Au moins, tu ne pourras plus gâcher la fête avec tes incessantes litanies.

Coucou, Verseau...

Ou toute autre salutation atypique qui aurait ta préférence. Tu es l'extraterrestre du zodiaque et on sait que tu n'aimes rien de plus que de t'entendre dire que tu es différent et hors norme. Mais ce n'est pas vraiment le projet. Parlons plutôt de cette prison de glace que tu t'es construite tout seul à force de vouloir rester insaisissable et révolutionner le système. C'est facile de mépriser les autres depuis une autre planète, mais les vrais architectes du changement sont ceux qui reviennent sur Terre et qui sont prêts à se salir les mains. Combien d'ermites ont été capables de publier leur manifeste, d'après toi ?

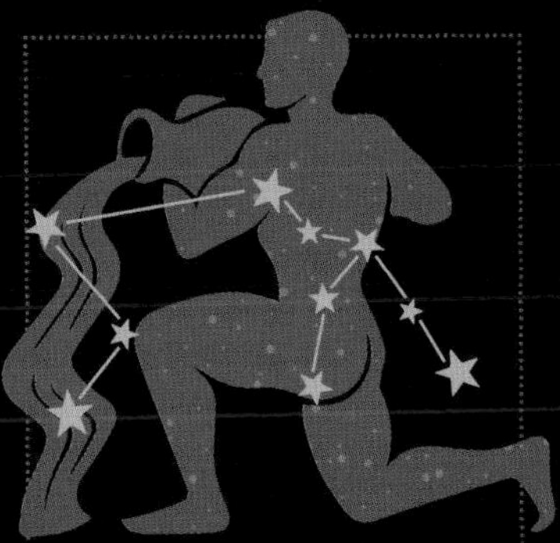

DATES DE NAISSANCE
20 janvier – 18 février

SYMBOLE
Un porteur d'eau

PLANÈTE MAÎTRESSE
Uranus

ÉLÉMENT
Air

MODALITÉ
Fixe

SIGNE OPPOSÉ
Lion

ENNEMI MORTEL
Poissons

BÊTE NOIRE
Les traditions,
les règles, les gens
qui ne s'intéressent pas
à la politique, le statu quo

5 VERSEAU CÉLÈBRES

Le Verseau se targue de représenter les révolutionnaires et les artistes innovants, comme Oprah Winfrey et Harry Styles, mais il cache une face plus sombre. C'est une chose de valoriser la singularité, mais ces cinq Verseau n'ont pas tous usé de ce trait à bon escient.

1 **Grigori Raspoutine (21 janvier 1869)**
Mystique russe entré dans les bonnes grâces de la famille Romanov en guérissant « par magie » l'hémophilie du tsarévitch Alexis. Il a survécu à de nombreuses tentatives d'assassinat. Son influence sur la famille royale est aujourd'hui considérée clé dans la révolution russe.

2 **Elizabeth Holmes (3 février 1984)**
Entrepreneuse qui affirme mensongèrement avoir inventé un outil permettant de réaliser plus de mille analyses à partir d'une seule goutte de sang. Elle est condamnée à onze ans de prison pour fraude.

3 **David Lynch (20 janvier 1946)**
Réalisateur américain dont l'œuvre novatrice, notamment *Twin Peaks* et *Blue Velvet*, est connue pour son univers visuel troublant, perturbant et provocateur.

4 **Lord Byron (22 janvier 1788)**
Poète anglais soupçonné d'avoir entretenu des liaisons scandaleuses, notamment avec la fille de sa demi-sœur. Une ancienne amante l'a décrit comme « fou, cruel et dangereux ».

5 **Paris Hilton (17 février 1981)**
Héritière américaine souvent considérée comme la toute première influenceuse. Ses agissements publics du début des années 2000 font la une des journaux et lui attirent des ennuis avec la justice à plusieurs reprises.

Le Verseau en trois mots

Le Verseau tient à sa réputation de rebelle du zodiaque, mais la question se pose : est-ce que ça compte vraiment, dans la mesure où ta « rébellion » est si prévisible ? Vient un moment où tes proches lèvent les yeux au ciel face à ton style excentrique et tes tentatives de bouleverser l'ordre établi. S'il te reste des proches, du moins. Réservé et constamment dans l'analyse, tu fais rarement l'effort émotionnel nécessaire pour former de vraies relations. Tu as plutôt tendance à garder les autres à distance et à les observer de loin, à la manière d'un extraterrestre qui ferait son rapport au vaisseau-mère. Bien sûr, tu as d'innombrables idées d'amélioration pour cette étrange planète qu'est la Terre, mais elles ne dépassent malheureusement pas le stade d'embryon la majorité du temps. Puisque tu tiens maladivement à ton indépendance, tu es incapable de demander l'aide dont tu as besoin pour les mettre en place et tu refuses d'admettre que quelqu'un d'autre a des connaissances ou une expertise supérieures aux tiennes. À la place, tu gardes la tête dans les nuages et tu imagines ce qu'il pourrait advenir si on allait dans ton sens. Hélas, les autres sont trop barbants et prosaïques pour reconnaître que les « mercredis en slip » sont une idée de génie. Quels rabat-joie !

DISTANT

Si proche, et pourtant si loin. Pour quelqu'un qui clame haut et fort être un humaniste, il t'est difficile de développer une relation avec tes pairs. Tu préfères les garder soigneusement à distance et tu concentres ton énergie dans les conversations intellectuelles et dénuées de toute émotion, qui te permettent d'user de sarcasme dès qu'on essaie de s'approcher de toi. Il faut bien de la détermination pour t'amener à t'impliquer émotionnellement, avec tes bras croisés et ton esprit ailleurs. Tu parviens sans mal à capturer une vision d'ensemble, mais souvent, c'est ce qui se passe sous ton nez qui t'échappe le plus. Comment comptes-tu changer le monde si tu refuses d'en faire véritablement partie ?

FIER

C'est une chose de croire en soi, mais c'est tout autre chose de ne croire qu'en soi. Tu avances sans regarder autour de toi, tout convaincu que tu es d'être supérieur aux autres. C'est pour ça que tu tiens à tracer ton propre chemin : c'est forcément le meilleur. Même si tu méprises les règles, tes convictions sont inébranlables en ce qui concerne la bonne manière de faire les choses. Plutôt mourir que de demander de l'aide, parce que ça voudrait dire admettre qu'il y a quelqu'un sur cette planète dont l'intelligence serait au moins égale à la tienne. Si c'est vrai que la fierté et la bêtise sont faites du même bois, tu seras bien chauffé cet hiver.

SOLITAIRE

Qui a besoin d'être entouré quand on a toutes ces grandes idées pour se tenir compagnie ? Tu es l'ermite du zodiaque et ça te convient très bien comme ça. Tu aimes beaucoup l'image intéressante et mystérieuse que ça donne de toi en soirée quand tu restes dans ton coin à observer les autres. Si quelqu'un est assez clairvoyant pour venir t'aborder, tant mieux pour lui. Il a réussi le test et a gagné le droit d'écouter ta dernière idée en date pour instaurer la paix dans le monde et de ne pas pouvoir en placer une. Si personne ne vient à ta rencontre et que tu dois passer toute la soirée tout seul dans un silence de mort, ainsi soit-il. Tu ne voulais même pas venir, de toute manière. Tu ne te prives jamais d'aller où que ce soit tout seul : ça prouve bien ton originalité. Mais est-ce que les gens t'évitent vraiment parce que tu es unique ? Ou plutôt parce que tu dégages une énergie négative ?

Position du Verseau

Le Verseau hautain et arrogant n'a pas besoin d'être ton signe solaire pour exercer son influence. Ce signe d'air peut souffler un vent idéaliste en direction de n'importe qui, surtout s'il apparaît en *Big* 3. Typique de cet énergumène atypique.

LUNE EN VERSEAU

Avec ta lune en Verseau, tes émotions sont complètement inexistantes. Tu es trop occupé à passer en revue tes grandes idées, il ne reste aucune place pour les grands sentiments. Malheureusement, la distance que tu installes avec toi-même crée également une distance avec les autres, qui ont la distincte impression que tu caches beaucoup de choses derrière cette façade indifférente. Pas étonnant que la majorité des relations que tu entretiens soient virtuelles.

VÉNUS EN VERSEAU

Si ta Vénus est en Verseau, tu t'épanouis dans les relations à distance. Tu n'apprécies pas plus que ça le contact physique, ni le flot constant d'attention et d'affection. Tu n'attends pas grand-chose d'un partenaire et en retour, il ne doit pas attendre grand-chose de toi. Ça te convient parfaitement de vous voir une fois tous les soirs de pleine lune.

ASCENDANT VERSEAU

La bonne nouvelle, c'est que si tu es ascendant Verseau, tu veux que les autres te perçoivent comme atypique, et c'est le cas ! La mauvaise nouvelle, c'est que c'est plutôt dans le sens « ermite bizarre qui vit dans une caverne » que dans le sens « rebelle cool qui vit sa vie comme il l'entend ». C'est sûrement dû à ton air perpétuel d'extraterrestre en voyage professionnel, mais dans tous les cas, ton entourage voit bien que quelque chose cloche chez toi. Qu'ils se rassurent, tu viens en paix. En quelque sorte.

Le Verseau en amour

Les relations, ce n'est pas ce qu'il y a de plus évident pour toi. Tu seras toujours plus épris de tes idées que d'un autre être humain. Quand tu rencontres quelqu'un dont l'esprit égale le tien, tu baisses ta garde, mais pas avant de lui avoir fait passer toute une batterie de tests, énigmes et expérimentations. La plupart du temps, tes prétendants lâchent l'affaire plutôt que de se soumettre à un énième échange de textos interminable sur une situation complètement hypothétique. Tout ce qu'ils voulaient à l'origine, c'était aller dîner.

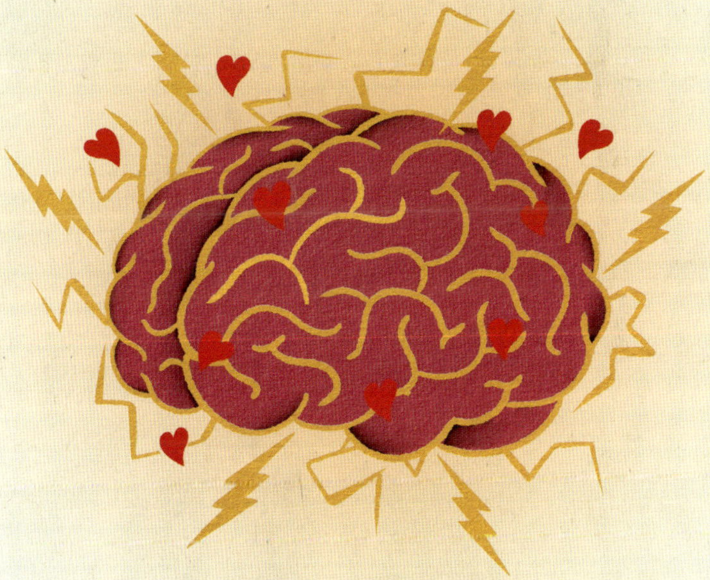

LE VERSEAU CÉLIBATAIRE

Le Verseau célibataire est souvent endurci, et ça ne lui pose aucun problème. Tu préfères largement contempler l'idée d'une relation parfaite qu'essayer d'en trouver une, quand bien même ça te ferait envie. Tu es la définition même du sapiosexuel, c'est-à-dire quelqu'un intéressé avant tout par le savoir et l'intelligence, avant même de pouvoir considérer une relation romantique. D'ici là, tu te satisfais de coups d'un soir et de rencontres virtuelles (aussi excitantes que possible).

LE VERSEAU EN COUPLE

Puisque tu te penses supérieur en tout, tu es très exigeant dans ta recherche de partenaire potentiel. Tu ne consens à t'engager dans cette pratique normative qu'avec quelqu'un dont l'intellect et l'esprit sont égaux aux tiens. Tu ne te fies que très peu aux apparences ; il y a beaucoup plus de chances que tu tombes amoureux de cet individu farfelu que tout le monde te conseille d'éviter plutôt que du dieu grec local. Tu incarnes à merveille cette fille dans les romans qui s'amourache du gars silencieux et extrêmement pâle, malgré la quasi-certitude qu'il s'agit d'un vampire. Une Verseau à tous les coups.

Les plus compatibles

Verseau + Bélier

Pour avoir une relation qui marche, il faut combiner le Verseau et le Bélier. Le cerveau et les muscles se rencontrent et nourrissent les meilleurs côtés l'un de l'autre. Le Verseau déconnecté est au-dessus de l'esprit compétitif du Bélier, tandis que les excentricités constantes du Verseau sauront divertir le Bélier juste assez pour l'empêcher d'aller voir ailleurs. Le Bélier passionné aura toujours assez d'enthousiasme pour concrétiser ses idées, ce qui plaira particulièrement au Verseau, qui en retour ne s'offusquera jamais des frasques et de l'inconstance du Bélier. C'est une alliance parfaite de compromis ; il ne faut juste pas leur demander d'organiser un mariage ensemble.

Les moins compatibles

Verseau + Cancer

Entre leurs valeurs à l'opposé et leurs perspectives différentes, ce couple apparaît très difficile à faire fonctionner. Le Cancer sensible veut que sa moitié reste près de lui et partage ses émotions, tandis que le Verseau spirituel s'ennuie très vite à parler sentiments et ne se laisse jamais handicaper par les états d'âme des autres. L'un est un pessimiste lugubre qui se préoccupe majoritairement du présent, l'autre est un optimiste intellectuel constamment tourné vers l'avenir. Une conversation entre ces deux-là est déjà laborieuse, sans parler d'une relation.

Verseau + Vierge

Une relation entre une Vierge et un Verseau ne peut être qualifiée que de cercle infernal de critiques. La Vierge jugera le Verseau pour son imprévisibilité et sa tendance au désordre, alors que le Verseau fustigera la Vierge pour sa fixation sur l'ordre et la perfection. La Vierge ne supporte pas que le Verseau remette toujours en question sa manière de faire, qui est le résultat d'une recherche méthodique et de logique, et le Verseau a l'impression d'être continuellement observé au microscope. Une relation se construit sur une affection mutuelle, pas sur le jugement.

Verseau + Poissons

Le Poissons sentimental est le pire partenaire possible pour le Verseau intellectuel : aucun des deux n'est capable de fournir à l'autre ce dont il a besoin dans une relation. Le Poissons prend trop à cœur les remarques sarcastiques du Verseau, qui ne comprend pas pourquoi son partenaire se sent blessé sans arrêt. Le Poissons a la rancune tenace, aussi son ressentiment pour le Verseau ne fera que grandir, alors que celui-ci ne s'en rendra même pas compte, tout occupé qu'il est à se préoccuper de lui-même. L'explosion nucléaire est inévitable, probablement parce que le Verseau a (encore) oublié l'anniversaire du Poissons.

LE VERSEAU AU TRAVAIL

Le mot préféré du Verseau ? Télétravail. Rien ne te fait plus plaisir que de travailler d'arrache-pied sur ton dernier projet en date sans être dérangé, et tu évites les interactions sociales au bureau autant que possible. Féru de technologie, tu travailles mieux depuis un ordinateur, sans te préoccuper des regards inquisiteurs ou de tes collègues complètement banals. Une fois les échelons gravis et en position de leadership, tes employés savent que tu te laisseras probablement distraire par la première innovation technologique venue. Tu encourages le progrès pour le progrès et tu es perpétuellement en recherche d'amélioration, même si les choses fonctionnent très bien en l'état. Ton désir permanent d'être à la pointe de la technologie t'empêche de te poser la question de la réelle nécessité d'un changement, du moment qu'il est possible. Cela signifie également que tu enchaînes les projets à moitié terminés tandis que tu butines de nouveauté en nouveauté. En réunion, tu jacasses sans fin sur ta vision globale, mais quand il faut agir, tu es incapable de peaufiner les détails nécessaires à la mise en œuvre de cette vision. Tu fais de beaux discours, mais collègues, patrons et clients réalisent très vite que tu parles pour ne rien dire.

LE VERSEAU EN FAMILLE

Il y a un excentrique dans toutes les familles, et c'est toi qui tiens ce rôle dans la tienne, Verseau. Tu es ce membre de la famille bizarre et détaché du reste, qui ne répond jamais aux invitations mais se pointe toujours (en retard) pour bassiner les autres avec son dernier projet, invention ou bonne cause. Ce n'est pas que tu te fiches de tes proches, d'ailleurs par bien des aspects ils sont les seuls à te comprendre, mais tu n'es pas prêt à le montrer. La seule preuve d'affection que tu donnes, c'est que tu les laisses parler. Les considérer dignes d'être entendus est le plus grand compliment que tu puisses leur faire. Sinon, tu domines la conversation à table en mentionnant tous les sujets tabous possibles et imaginables, de la politique à la religion en passant par la vie extraterrestre (oui, ça existe, et tu en es la preuve). Ça t'amuse de cibler les membres de ta famille les plus conservateurs et lourdauds et de disséquer leurs convictions idéologiques jusqu'à ce qu'ils craquent. Cette tendance a causé de nombreuses disputes au fil des années, mais tu t'en moques. À ce stade, ils savent qu'il vaut mieux garder le nez dans leur assiette dès que tu commences à « poser deux, trois questions ».

LE VERSEAU À LA MAISON

Le foyer du Verseau n'est pas fait pour se conformer aux règles conventionnelles de l'art et du design. Si tu veux installer un lit au milieu du salon et un canapé dans ta cuisine, qui va t'en empêcher ? Tu te fiches que les choses aillent bien ensemble et tu uses des couleurs comme bon te semble. Il ne serait pas inutile d'avertir les épileptiques avant qu'ils passent ta porte, mais ce n'est pas vraiment ton problème. Si tes invités ne sont pas accablés par la décoration, le bip constant des nombreux appareils qui jonchent chaque pièce les attend au tournant. En bon gourou de la technologie, tu vivrais dans une maison connectée digne d'un épisode de *Black Mirror* si tu le pouvais. Tu adores afficher le nouvel ordinateur que tu as assemblé toi-même et le système d'éclairage automatique. D'accord, Google a accès à tous tes faits et gestes, mais ça veut juste dire que ton génie se propage à grande échelle.

LE VERSEAU EN VOYAGE

Le Verseau adore voyager, mais seul. Rien ne te fait plus plaisir que d'arpenter la terre de long en large jusqu'aux crevasses les mieux cachées et de prendre des notes sur la population, comme un observateur de la condition humaine. Tes compagnons de voyage n'ont pas d'autre choix que de subir ton refus d'établir le moindre itinéraire ou de prendre les billets de retour. Ils t'intéressent beaucoup moins que les habitants locaux et il n'est pas rare que tu te perdes pendant des heures et que tu ne retournes à l'hôtel qu'au moment précis où ils allaient signaler ta disparition à la police. Tes proches n'attendent plus que tu donnes de tes nouvelles quand tu voyages ; tu oublies complètement ce qui se passe à la maison. D'ailleurs, chaque nouvelle visite donne lieu à une excitante opportunité de s'expatrier – de toute manière, tu n'es jamais à ta place nulle part. Aucun plat n'est trop aventureux, aucune tradition n'est trop étrange pour toi, et tu te rebiffes perpétuellement contre le guide de voyage qui essaie de te dire quoi faire, même s'il en va de ta sécurité.

Les deux côtés du Verseau

Le Verseau réservé est l'un des signes masculins du zodiaque, mais son côté féminin pointe le bout de son nez de temps en temps. Tu abhorres tout ce qui concerne les rôles de genre traditionnels et stéréotypes, aussi, tu mènes ton existence comme tu le souhaites en alternant féminin et masculin à loisir. Voilà ce qu'il est possible d'observer lorsque tu penches plus d'un côté que de l'autre.

VERSEAU EN « *DARK MASCULINE* »

Un Verseau qui se trouve en masculin obscur sera trois choses : froid, condescendant, et émotionnellement indisponible. Tu n'as pas de temps à perdre avec quelque chose d'aussi banal que les sentiments humains et tu ne descendras pas de tes grands chevaux assez longtemps pour accorder la moindre importance à ce que dit le bas peuple. Persuadé de ta supériorité en tout, tu restes plongé dans ta solitude et tes propres réflexions, le plus loin possible des autres humains. D'aucuns diraient que ça fait de toi un robot, mais pour toi, c'est un compliment.

VERSEAU EN « *DARK FEMININE* »

Dans une énergie féminine obscure, tu rejettes brutalement toute tentative extérieure de t'imposer quelque chose, même s'il ne s'agit que d'une pancarte « chiens interdits » devant un bistro. Foncièrement imprévisible, tu prends un malin plaisir à arriver en retard et installer le chaos où que tu ailles, avant de partir sans jamais dire au revoir. Tu t'amuses à secouer les institutions conservatrices pour voir jusqu'où tu peux pousser avant qu'elles ne s'effondrent, que ce soit mérité ou non. Tu représentes parfaitement la femme idéale souvent vue dans les comédies romantiques américaines des années 2000 : fantaisiste, délurée, et sans personnalité propre. Malheureusement, dans la vraie vie, ça marche beaucoup moins bien.

Cuspide Verseau

FRONTIÈRE VERSEAU – POISSONS (15 FÉVRIER – 21 FÉVRIER)

Tu te dirais rêveur, les autres te diront bordélique. Né à la frontière entre Verseau et Poissons, tu vis ta vie dans les nuages, sautant de projet en projet sans jamais les terminer et sans même avoir la discipline de nettoyer tes pinceaux après ton dernier DIY. Ta réputation d'hypersensible te précède, ainsi que ta tendance à tout prendre très personnellement et à fondre en larmes quand ce n'est vraiment pas le moment. Tu penses être un empathique, quelqu'un qui ressent vivement les émotions des autres, mais si c'était vrai, ne penses-tu pas que tu serais capable de détecter quand tu les agaces ?

Coucou, Poissons...

De tous les signes passés à la casserole jusque-là, tu es sûrement le plus impatient d'arriver à ton chapitre. Pourquoi ? Parce que ça signifie que tu peux t'adonner à ton activité préférée : jouer les victimes. Pauvre Poissons incompris, tu as toujours une bonne raison de te sentir blessé, alors en voilà quelques-unes. Tu es la naïveté volontaire incarnée, avec ton signe dépendant, paresseux et crédule. Tu as l'air d'ignorer complètement la manière dont le monde fonctionne et tu joues les oiseaux tombés du nid dès que quelqu'un (ton patron par exemple) te demande d'être un tantinet mature ou responsable. Ta candeur et ta sensibilité sont source de fierté, tu ne comprends pas pourquoi le reste du monde ne peut pas être comme toi. Mais ton incroyable talent et ce que tu as de plus précieux, ce sont tes œillères.

DATES DE NAISSANCE
19 février – 20 mars

SYMBOLE
Deux poissons

PLANÈTE MAÎTRESSE
Neptune

ÉLÉMENT
Eau

MODALITÉ
Mutable

SIGNE OPPOSÉ
Vierge

ENNEMI MORTEL
Capricorne

BÊTE NOIRE
Les silences malaisants, les je-sais-tout, s'engager sur une heure d'arrivée et la distance émotionnelle

5 POISSONS CÉLÈBRES

Les Poissons sont très fiers des géants créatifs que leur signe a produits, comme Elizabeth Taylor et Steve Jobs, mais ils sont d'humeur si versatile que leurs représentants peuvent vriller à tout moment, comme le démontrent ces figures :

1 Anne Bonny (8 mars 1697)
Rare pirate féminine connue, elle sème la terreur dans les Caraïbes jusqu'à sa capture en 1720, avec Mary Read. Elles échappent à la peine de mort en assurant être enceintes. Nul ne sait ce qu'elle est devenue.

2 Kurt Cobain (20 février 1967)
Rockeur des années 1990 qui a contribué à populariser la musique grunge avec son groupe Nirvana. Il se suicide à l'âge de 27 ans à la suite d'un long combat contre ses addictions.

3 L. Ron Hubbard (13 mars 1911)
Écrivain de science-fiction qui a fondé l'Église de scientologie, que beaucoup d'anciens membres accusent d'être une secte dangereuse. Il a fait l'objet de nombreux documentaires et révélations choc.

4 Patty Hearst (20 février 1954)
Héritière américaine kidnappée par une guérilla, qui a finalement rejoint ses rangs et braqué des banques à ses côtés. Elle dira ensuite avoir subi un lavage de cerveau et reçoit la grâce présidentielle pour ses crimes.

5 Joe Exotic (5 mars 1963)
Propriétaire de zoo américain excentrique dont la collection de tigres est l'objet d'un documentaire Netflix. Arrêté en 2018 pour tentative d'assassinat sur sa rivale, Carole Baskin, propriétaire de Big Cat Rescue, il purge actuellement une peine de 21 ans de prison.

Le Poissons en trois mots

Pauvre petit Poissons. Tout ce que tu veux, c'est nager toute la journée dans ton monde imaginaire en occultant tout ce qui t'entoure. Tu es sûrement déjà au courant de ta réputation d'âme d'artiste au sein du zodiaque, mais sais-tu qu'on dit aussi de toi que tu es la girouette du groupe ? Tes changements d'humeur sont légendaires : tu peux passer d'un enthousiasme débordant à un cynisme déprimant en l'espace d'un instant. Tes amis n'ont aucun moyen de savoir laquelle de tes cinq personnalités va débarquer, seulement que tu seras vraisemblablement dans un état de détresse émotionnelle. Tu dirais que tu es sensible, voilà tout, mais quand on te connaît bien, on voit que tu aimes être sous le feu des projecteurs et qu'une bonne crise de nerfs est un excellent moyen d'y arriver. Si quelqu'un dénonce ta tendance à la victimisation, tu sors ton arme secrète : les larmes. Et tu sauras te souvenir de cet affront. D'ailleurs, pour quelqu'un qui est incapable de se concentrer sur une seule chose à la fois, tu n'as aucun mal à t'accrocher à ton ressentiment. Ce livre est certainement en passe de devenir l'objet d'une nouvelle rancœur… Pardon, Poissons, c'est juste trop facile de t'énerver.

PARESSEUX

Le Poissons est souvent considéré comme « l'âme ancienne » du zodiaque : pas étonnant que tu te comportes comme un retraité. Avec ta force mentale de chips, tu abandonnes toute tâche dès qu'elle se révèle un peu difficile, et tu n'as aucune éthique de travail. Tu préfères te laisser porter par le courant plutôt que de faire le moindre effort pour changer de cap. L'idée même de batailler t'épuise d'avance. Aucune de tes dates butoir n'est jamais respectée, pour la simple raison que tu n'as pas la motivation nécessaire pour atteindre tes objectifs. Tu fais au plus simple par paresse, même si ça signifie que tu n'obtiens jamais vraiment ce que tu veux. Par chance, ça signifie aussi qu'il n'y a pas grand-chose que tu désires ardemment.

COLLANT

Si tu cherches « insécurité affective » dans le dictionnaire, on parie que tu vas tomber sur le symbole du Poissons. Tu as un besoin viscéral de validation externe. Plus tu t'attaches à quelqu'un, plus tu as besoin qu'il te complimente et te rassure. Chaque minute que le destinataire de ton texto met à te répondre est une épine dans ton cœur anxieux, et tu risques bien de continuer à le bombarder de messages juste pour t'assurer qu'il ne te déteste pas sans oser te le dire. Ton ex peut témoigner, si toutefois il ne t'a pas bloqué pour échapper à tes demandes constantes de « résolution ». Ce qu'il n'a pas en tête, c'est que tu ne vois aucun inconvénient à camper devant son café préféré pour lui tomber dessus « par hasard » et le forcer à avoir cette discussion désagréable.

CRÉDULE

On pourrait dire que le Poissons accorde facilement sa confiance. La vérité est plutôt que le Poissons est constamment à deux doigts de se faire arnaquer et de confier toute son épargne à un étranger sur Internet. Quand il s'agit de repérer les signes avant-coureurs, tu es complètement aveugle. Tu veux voir le meilleur en chacun et tu ne crois pas en la méchanceté, tu es donc facilement manipulable et tu te fais perpétuellement avoir. Ça peut paraître mignon au début, mais ça devient énervant au bout de la dixième fois où il faut te tirer d'un mauvais pas parfaitement évitable. Épargne-toi et imprime le mantra suivant : ta banque n'a pas besoin que tu lui confirmes ton code de carte bancaire, aucun prince nigérien n'a besoin de ton aide pour obtenir son héritage, et les intentions de cette vieille connaissance qui t'écrit à propos d'une « excellente opportunité d'être ton propre patron » ne sont probablement pas honorables.

Position du Poissons

Si le Poissons n'est pas ton signe solaire, ça ne veut pas dire que tu es sorti de l'auberge. Il a le don de te noyer dans ses eaux changeantes et versatiles, qu'importe sa position dans ton thème astral, surtout s'il est en *Big* 3. Si tu t'es toujours considéré comme une âme hypersensible qui a tendance à planer un peu, c'est probablement à cause de la position du Poissons dans ta carte du ciel.

LUNE EN POISSONS

Avec ta lune en Poissons, ta vie intérieure est riche en imagination et en fantasmes. Il n'est pas rare que tes interlocuteurs se rendent compte au milieu de la conversation que tu ne les écoutes plus et que tu suis ton propre train de pensée alternatif. Tu es également hypersensible et tu te retrouves souvent à porter les émotions des autres en bandoulière, c'est-à-dire à t'approprier leurs problèmes pour devenir le centre de l'attention. Oups.

ASCENDANT POISSONS

Si tu es ascendant Poissons, alors le reste du monde te voit probablement comme quelqu'un qui a cruellement besoin d'être ramené sur terre. Tu peux considérer ce chapitre comme une bonne opportunité. Tu flottes d'un objectif inatteignable à l'autre, sans te donner les moyens de les accomplir. Tout le monde sait que tes idées sont majoritairement irréalisables, mais tu es trop susceptible pour que quiconque ose te dire la vérité.

VÉNUS EN POISSONS

Quand tu as Vénus en Poissons, tu aimes l'amour. Tu poursuis sans cesse les relations amoureuses et tu peux passer des heures à divaguer sur ton âme sœur. Hélas, ta nature un peu naïve t'empêche de déceler les signaux qui devraient t'alarmer et tu confies souvent ton cœur à des gens qui n'ont aucune intention d'en prendre soin. Pourtant, tes amis t'ont tous dit qu'il y avait anguille sous roche avec ce DJ rencontré en vacances, mais tu n'as rien voulu entendre.

Le Poissons en amour

Dans une relation, le Poissons ne veut que trois toutes petites choses : un flot constant de compliments, un soutien infaillible et une gratitude éternelle. Tu es tellement émotionnellement dépendant que seul un partenaire qui accepte de faire de toi le centre de son monde et d'être le tien en retour peut convenir. D'ici là, tu te contentes parfaitement d'enchaîner les idylles passionnées, que les relations soient réelles ou fantasmées. Tu es la Blanche-Neige du zodiaque, à chanter tristement *Un jour mon prince viendra* en espérant manifester l'apparition de ta moitié idéale comme par magie. C'est un joli rêve, mais tu risques d'attendre longtemps qu'il se réalise.

LE POISSONS CÉLIBATAIRE

Le Poissons n'est jamais vraiment célibataire. D'ailleurs, tu jongles probablement avec plusieurs relations fictives dans lesquelles tu es très impliqué. Ton imagination est débordante, et en amour, elle carbure à plein régime : tu sors de chaque premier rendez-vous avec une *to-do list* pour le mariage et un album photo pour vos futurs enfants. Tu t'attaches très vite et l'intensité prématurée de tes sentiments peut souvent faire fuir ton prétendant avant même que la relation commence. Ça ne fait que te propulser vers un nouveau fantasme dans lequel tu recroises la personne qui t'a rejeté dix ans plus tard, de préférence alors que tu t'apprêtes à te marier avec quelqu'un de mieux, et elle proclame qu'elle t'a toujours aimé. Ça arrive bien au cinéma, après tout !

LE POISSONS EN COUPLE

Quand un Poissons tombe amoureux, c'est du sérieux. Ton partenaire devient très vite ta principale préoccupation ; tu es souvent cet ami qui disparaît dès qu'il se met en couple. En échange de ta dévotion, tu attends de ton partenaire qu'il chante tes louanges constamment et qu'il te couvre de preuves d'affection. Ton besoin de validation externe ne fait que s'exacerber quand tu es avec quelqu'un, et tu guettes toujours le moindre signe d'une baisse d'intensité des sentiments de ta moitié. Cette insécurité te rend encore plus dépendant, ce qui risque d'étouffer ton partenaire et finalement, le fait fuir. Tu t'accroches, il s'échappe. Il s'échappe, donc tu t'accroches. Et le serpent aquatique se mord la queue.

Los plus compatibles

Poissons + Vierge

On pourrait croire que le Poissons bordélique et la Vierge organisée sont incapables de s'entendre, mais c'est faux ! Un couple Poissons-Vierge est le parfait exemple des contraires qui s'attirent : la Vierge adore le challenge que son partenaire Poissons pose, qui en retour apprécie la stabilité, l'engagement et l'attention de la Vierge. Il vit dans un monde imaginaire tandis qu'elle est fermement ancrée dans la réalité, aussi, quand ils sont ensemble, tout est possible. D'autant plus que le Poissons voit la vie en rose, il est donc le mieux placé pour comprendre que c'est avec la critique que la Vierge exprime son amour.

Les moins compatibles

Poissons + Balance

La Balance indécise et égocentrique est le pire cauchemar du Poissons. Elle est trop détachée et nonchalante pour pouvoir lui fournir le degré de dévotion dont il a besoin. Son manque d'affection est voué à activer les nombreuses angoisses du Poissons, ce qui le poussera à se montrer de plus en plus dépendant avec elle. Si la Balance comprend l'obsession de son partenaire à son égard (comment faire autrement ?), elle fera toujours passer sa propre indépendance avant le confort du Poissons. Ils ont quelques points communs, entre leur amour de l'art et les choses qui brillent, mais la relation s'arrête là.

Poissons + Gémeaux

Le Poissons aura des problèmes similaires avec le Gémeaux et son refus de s'engager, avec en bonus l'impression d'avoir véritablement de quoi s'inquiéter, que le Gémeaux ne fait rien pour enrayer. Le Poissons est condamné à poursuivre la chimère de sa relation avec le Gémeaux, avec ce dernier qui sème des miettes d'affection ci et là, juste assez pour lui donner de faux espoirs. Quand le Gémeaux le quitte (souvent pour un Verseau) et lui brise le cœur, le Poissons sensible se raccroche à son ressentiment éternel. Voilà au moins quelque chose qui est fait pour durer entre ces deux-là.

Poissons + Sagittaire

Pour le dire simplement, le Sagittaire est trop méchant et indépendant pour que sa relation avec un Poissons fonctionne. L'estime de soi fragile du Poissons n'est pas assez solide pour encaisser le manque de tact et de délicatesse du Sagittaire, il ne peut pas s'empêcher de tout prendre très à cœur. Si le Sagittaire aime l'énergie amusante, artistique et chaotique du Poissons, il vient constamment remuer le couteau dans la plaie et considère que les tentatives de rapprochement de son partenaire le privent de sa précieuse indépendance. Ils font de bons colocataires ou compagnons de voyage, mais pas plus.

LE POISSONS AU TRAVAIL

« Poissons » et « travail » ne font généralement pas bon ménage. Tu n'es tout simplement pas fait pour le marché du travail, traditionnel ou non. Au bureau, tu t'épanouis dans la recherche d'idées originales et créatives, mais cet enthousiasme déserte dès qu'il est question de les mettre en place. Au lieu de travailler, tu te demandes si ton patron ou tes collègues t'en veulent pour quelque chose, ce qui finit par effectivement les énerver car pendant ce temps, tu n'as pas fait ce qui t'était demandé. Sous l'influence de ton signe paresseux, il n'est pas rare que tu sois convoqué dans le bureau de la direction pour te soumettre à un programme de remise à niveau, ce qui n'a strictement aucun impact sur tes dates butoir non respectées et tes projets à moitié terminés. Tes collègues savent que tu es une bonne épaule sur laquelle pleurer (sauf si tu es toi-même déjà en train de te morfondre) mais qu'il ne sert à rien de te confier quoi que ce soit d'urgent ou d'important : ces mots-là ne sont pas dans ton vocabulaire. Tu as plus de chances de te réaliser dans une carrière liée aux arts, mais même Picasso a bien été obligé de s'y mettre et d'achever une toile de temps en temps.

LE POISSONS EN FAMILLE

Le Poissons passe son temps à osciller entre le rôle du bébé de la famille et du vieux sage. Tu prodigues de sages conseils à la nouvelle génération sur le sens de la vie, l'amour et la créativité, et l'instant d'après, tu chouines à table parce qu'une vieille dispute de fratrie est revenue sur le tapis. Tu prends le concept de la famille très au sérieux, et tu as tendance à te montrer culpabilisant ou codépendant lorsque tu estimes que l'un des membres n'en fait pas assez. Tu es le premier à prendre pour toi le fait que quelqu'un choisisse de passer Noël dans sa belle-famille ou manque le pique-nique annuel. Tu dépasses facilement les limites, notamment quand il s'agit de partager des informations personnelles avec les mauvaises personnes au mauvais moment. C'est particulièrement problématique si tu es parent, car tu traites tes enfants comme tes amis et tu en dis trop. Les décisions sérieuses concernant les finances ou la santé d'un parent âgé te paralysent complètement : quand il faut faire des choix difficiles, tu disparais et ne réapparais que lorsque la décision a été prise, pour te plaindre que tout ça a été très difficile pour toi.

LE POISSONS À LA MAISON

Un seul mot peut décrire le quotidien du Poissons chez lui : chaotique. Rêveur et artistique, tu mets facilement la pagaille mais tu es peu décidé à ranger quand tu as fini. Du coup, ton espace de vie est le grand patchwork désorganisé de tes projets à moitié terminés et d'idées non abouties. Ton humeur est si changeante que choisir une seule palette de couleur ou un style de décoration cohérent est strictement impossible. Si tu veux peindre ton salon en vert citron et ta chambre en gris ardoise, fais-toi plaisir ! Si tu veux associer un canapé moderne avec une table basse de style victorien, qui peut t'en empêcher ? Parfois, ces combinaisons sont assez inspirées, mais le plus souvent, elles feraient frémir Valérie Damidot. Surtout que tu as la manie sentimentale de garder absolument tout, des tickets de cinéma pour des films que tu n'as même pas appréciés aux chargeurs d'appareils obsolètes depuis dix ans. Chaque recoin de ta caverne croule sous les babioles, bibelots et documents inutiles. Mais on ne sait jamais ! Tes Tamagotchi vont peut-être revenir à la mode.

LE POISSONS EN VOYAGE

Quand tu voyages, tu te laisses guider par le romantisme et la fantaisie. Si de très bons romans ont commencé comme ça, en ce qui te concerne, ta paresse et ta réticence à prendre des décisions deviennent rapidement de gros obstacles dans ton programme « Mange, Prie, Aime ». En l'occurrence, réserver des vols, des chambres d'hôtel et faire quoi que ce soit d'autre que rêvasser au prince charmant étranger que tu vas pouvoir rencontrer s'avère difficile. Tu adores imaginer des aventures romantiques dans des contrées lointaines, mais il te manque la motivation nécessaire pour concrétiser tes projets. Quand tu voyages (souvent parce que quelqu'un d'autre s'est occupé de l'organisation), tu risques toujours de te retrouver atteint du syndrome de Paris : un malaise lié au fait que la réalité de ta destination ne correspond jamais vraiment à l'image idéalisée que tu t'en es fait. Le fantasme prend rarement en compte le taux de change, les retards d'avion ou les difficultés à se repérer dans le métro.

Les deux côtés du Poissons

Ce signe est représenté par deux poissons qui vont dans des directions opposées, une image qui transcrit parfaitement l'influence de ses côtés masculin et féminin obscurs. Si le Poissons est généralement considéré comme un signe féminin au sein du zodiaque, le masculin obscur rôde toujours, prêt à prendre les rênes dès qu'il en a l'occasion. Voilà ce à quoi on peut s'attendre quand l'un ou l'autre est aux commandes.

POISSONS EN « *DARK MASCULINE* »

Un Poissons qui a laissé son côté masculin obscur prendre le contrôle ne se retiendra jamais d'exprimer ses sentiments, quoi qu'il en coûte. Tu vois ta liberté d'expression comme un droit divin et tu es particulièrement susceptible aux éruptions émotionnelles. Tu privilégies les sentiments aux faits concrets, il est donc difficile de te raisonner quand tu as l'impression qu'on remet en question la légitimité de tes réactions. Si tu nages dans le masculin obscur et que tu sens que tu as raison, c'est que tu as raison, quoi que puissent en dire les autres.

POISSONS EN « *DARK FEMININE* »

Quand le côté féminin obscur fait son apparition, tu as tendance à te perdre dans un océan de rêveries. Dans ces moments-là, tu préfères mille fois rester dans l'inaction et dans le fantasme de ta vie idéale qu'agir pour concrétiser ta vision. Dans un monde parfait, tous ces scénarios imaginaires et ces espoirs seraient récompensés par l'arrivée d'un mystérieux inconnu qui résoudrait tous tes problèmes. C'est une belle idée, mais c'est difficile de rencontrer le prince charmant quand tu es constamment dans la lune et enfermé dans ta tour à longueur de journée : n'est pas Raiponce qui veut.

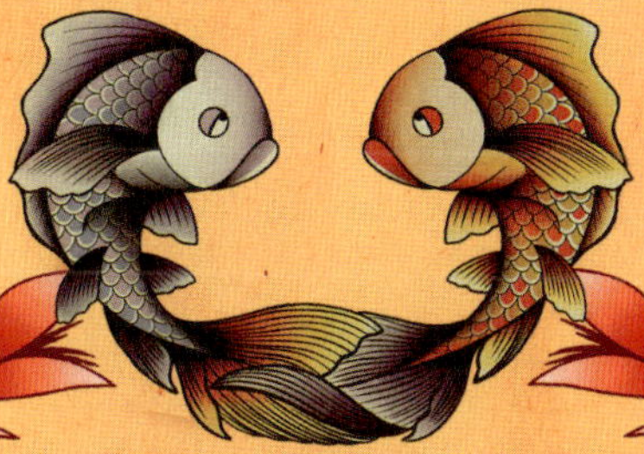

Cuspide Poissons

FRONTIÈRE POISSONS – BÉLIER (17 MARS – 23 MARS)

Avec ce cuspide, la fin du zodiaque rencontre le début. À mi-chemin entre le Poissons et le Bélier, tu es gouverné par tes émotions, souvent considérées comme explosives par ceux qui touchent malencontreusement un de tes nombreux points sensibles. Ces bouleversements s'évaporent aussi vite qu'ils sont apparus, et tu passes à autre chose comme si de rien n'était ; c'est malheureusement un luxe que ne peuvent pas se permettre les victimes de tes crises de nerfs nucléaires.

Index

A

air (signe d') 11
ascendants 13

B

Balance 86-97
en trois mots 88-89
position 90
célibataire 91
en couple 92
au travail 94
en famille 94
à la maison 95
en voyage 95
dark feminine 96
dark masculine 96
cuspide 97
Bélier 14-25
en trois mots 16 17
position 18
célibataire 19
en couple 20
au travail 22
en famille 22
à la maison 23
en voyage 23
dark feminine 24
dark masculine 24
cuspide 25
Big 3 13

C

Cancer 50-61
en trois mots 52-53
position 54
célibataire 55
en couple 56
au travail 58
en famille 58
à la maison 59
en voyage 59
dark feminine 60
dark masculine 60
cuspide 61
Capricorne 122-133
en trois mots 124-125
position 126
célibataire 127
en couple 128
au travail 130
en famille 130
à la maison 131
en voyage 131
dark feminine 132
dark masculine 132
cuspide 133
concepts clés 9-13
cardinal (modalité) 12

E

eau (signe d') 11
éléments 11

F

feu (signe de) 11
fixe (modalité) 12

G

Gémeaux 38-49
en trois mots 40-41
position 42
célibataire 43
en couple 44
au travail 46
à la maison 46
en famille 47
en voyage 47
dark feminine 48
dark masculine 48
cuspide 49

J

Jupiter 9

L

Lune 10
lunaire (signe) 13
Lion 62-73
en trois mots 64-65
position 66
célibataire 67
en couple 68
au travail 70
en famille 70
à la maison 71
en voyage 71
dark feminine 72
dark masculine 72
cuspide 73

M

Mars 9
Mercure 9
modalité 12
mutable (modalité) 12

N

Neptune 10

O

opposé (signe) 13

P

planètes maîtresses 9-10
Pluton 10
Poissons 146-157
  en trois mots 148-149
  position 150
  célibataire 151
  en couple 152
  au travail 154
  en famille 154
  à la maison 155
  en voyage 155
  dark feminine 156
  dark masculine 156
  cuspide 157

S

Sagittaire 110-121
  en trois mots 112-113
  position 114
  célibataire 115
  en couple 116
  au travail 118
  en famille 118
  à la maison 119
  en voyage 119
  dark feminine 120
  dark masculine 120
  cuspide 121
Scorpion 98-109
  en trois mots 100-101
  position 102
  célibataire 103
  en couple 104
  au travail 106
  en famille 106
  à la maison 107
  en voyage 107
  dark feminine 108
  dark masculine 108
  cuspide 109
Saturne 9
Soleil 10

T

Taureau 26-37
  en trois mots 28-29
  position 30
  célibataire 31
  en couple 32
  au travail 34
  en famille 34
  à la maison 35
  en voyage 35
  dark feminine 36
  dark masculine 36
  cuspide 37
terre (signe de) 11

U

Uranus 10

V

Vénus 9
Verseau 134-145
  en trois mots 136-137
  position 138
  célibataire 139
  en couple 140
  au travail 142
  en famille 142
  à la maison 143
  en voyage 143
  dark feminine 144
  dark masculine 144
  cuspide 145
Vierge 74-85
  en trois mots 76-77
  position 78
  célibataire 79
  en couple 80
  au travail 82
  en famille 82
  à la maison 83
  en voyage 83
  dark feminine 84
  dark masculine 84
  cuspide 85

Crédits

Nazarii M/Shutterstock.com ; Anastasiia Veretennikova ;
Shutterstock.com ; Christos Georghiou/Shutterstock.com

À propos de l'illustratrice

Bruna Carla da Silva est une artiste et illustratrice brésilienne basée à Liverpool, au Royaume-Uni. Elle exprime sa passion pour le féminin dans son art digital et ses peintures sur toile et tissu, dans un style de tatouage traditionnel. Tu peux suivre son travail sur sailorbroo.com et sur les réseaux sociaux en cherchant @sailor_broo.

Remerciements

Il m'aurait été impossible d'écrire ce livre sans mon équipe extraordinaire chez Quarto, et tout particulièrement mon éditrice Charlene Fernandes, qui m'a guidée durant tout le processus depuis l'autre côté de l'océan. Je suis éternellement reconnaissante à ma sœur Natalie de m'avoir initiée au monde ésotérique et d'être toujours partante pour une discussion sur le mouvement des planètes, les cartes du ciel, ou l'énergie cosmique. Je voudrais également remercier mes parents, Felix et Deborah, qui m'ont toujours encouragée dans mes projets, qu'il s'agisse de l'astrologie ou de la comédie. Je dédie aussi ce livre à mes chers amis, Kady Ruth, Bailey et Tyler, qui ne s'agacent jamais (ouvertement) de se faire chambrer avec des extraits de leurs signes, et à mon mari Danny. Bien qu'il soit Scorpion, il remplit mon quotidien de rire, de joie et de légèreté. Je remercie finalement mes merveilleux compagnons à quatre pattes : Rusty (chien, Sagittaire) et Biz (chat, Balance) qui n'ont jamais montré le moindre intérêt en astrologie ou comédie mais qui sont toujours là pour un câlin après une longue journée d'écriture.